U0721828

学术顾问：李学勤

罗哲文　俞伟超　曾宪通　彭卿云

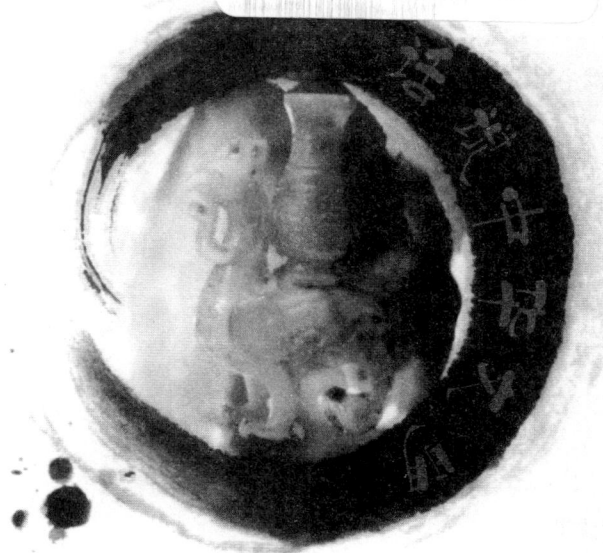

中华文明起源

李　默／主编

中华文明是人类历史上最伟大的文明之一，是人类文明发展的主要构成。中华文明丰富、深刻、辉煌、博大，在人类文明中的骨干作用和领导作用人所共知。在人类文明的发源时期，中华文明就是四大古文明之一，是地球上文化的策源地之一。

广东旅游出版社
GUANGDONG TRAVEL & TOURISM PRESS
悦读书·悦旅行·悦享人生

中国·广州

图书在版编目（CIP）数据

中华文明起源 / 李默主编 . — 广州 : 广东旅游出版社 , 2013.1（2024.11 重印）
ISBN 978-7-80766-430-7

Ⅰ . ①中… Ⅱ . ①李… Ⅲ . ①文化起源（考古）—中国—通俗读物 Ⅳ . ① K871-49

中国版本图书馆 CIP 数据核字 (2012) 第 268045 号

出 版 人：刘志松
总 策 划：李　默
责任编辑：张晶晶　梁诗淇
装帧设计：盛世书香工作室　腾飞文化
责任校对：李瑞苑
责任技编：冼志良

中华文明起源
ZHONG HUA WEN MING QI YUAN

广东旅游出版社出版发行
（广东省广州市荔湾区沙面北街 71 号首、二层）
邮编：510130
电话：020-87347732（总编室）020-87348887（销售热线）
投稿邮箱：2026542779@qq.com
印刷：三河市嵩川印刷有限公司
　　　（河北省廊坊市三河市杨庄镇肖庄子村）
开本：650×920mm　16 开
字数：105 千字
印张：10
版次：2013 年 1 月第 1 版
印次：2024 年 11 月第 3 次印刷
定价：45.80 元

出版者识

　　《话说中华文明》是一部全景式图文并茂记录中国文明历史的大书。出版者穷数年之力，会集各方力量——专家、学者、编辑、学术顾问们，在浩如烟海的历史档案、资料、著作中，探珍问宝，追寻中华文明在悠悠历史长河中的灿烂之光。此书的出版，凝聚了编撰者的心血、学术顾问们的智慧。

　　中华文明的历史充满了辉煌与苦难，成就和挫折。它的历史无处不在，决定着我们中国人今天的思想和感情。当今的中国和中国人是中华文明的历史造就的，是中华文明的历史的延伸，也是它的一个组成部分，中华文明的历史之河奔流到现在。

　　中华文明是人类历史上最伟大的文明之一，是人类文明发展的主要构成。中华文明丰富、深刻、辉煌、博大，在人类文明中的骨干作用和领导作用人所共知。在人类文明的发源时期，中国就是四大古国之一，是地球上文化的策源地之一。在人类文明的早期，中华文明成为文明在东方的支柱，公元前后 200 年间，人类的汉帝国与罗马帝国这两只铁手攫住了地球。在欧洲进入中世纪的时候，中华文明更成为人类文明最主要的领导，它的文明统治东亚，传遍世界。进入近代，中华文明处于自身的重压和西方的欺凌下，但中国人民的斗争史和奋起精神是人类文明历史中不可缺少的一页。

　　五千年的中华文明为人类贡献出了从思想家孔子到科学技术的四大发明、从唐诗宋词到长城运河的伟大创造，贡献出了从诸子百家到宋明理学、从商周铜器到明清文学的深刻内涵，也贡献出了从五霸七强到三国纷争、从文景之治到十大武功的辉煌历史。中华文明的历史绚烂多彩，在人类文明的历史长河中永放光芒。

　　中华文明也是人类历史上最独特的文明，没有哪一个文明像中华文明这样持久，这样统一一致。世界上其他文明不但互相交错，其创造者也都与高加索体质的人种有关，它们是姐妹文明。在人类历史中，只有中华文明才是独特的，它的创造者是中国土地上的中国人民，与其他任何地方的人民都没有关系，它的文化是统一一致的文化，可以不依赖于其他任何文明而生存，但中华文明也绝不是封闭的，它接受他人的文化，也承担自己对于人类的责任。

　　人类进入新世纪，中国的社会经济发展令世人瞩目。人们对于世界未来的政治和经济结构的估计无不以东亚和太平洋为中心，而尤以中国为重点。

　　经济起飞只是当代中国的一个方面，中国的精神文明的建设尤为刻不容缓。如果中国要自觉地发展中华文明，要有意识地使中国的发展具有世界意义，就必须发展强有力的精神文化，这样才能使中华文明的发展进入一个新的阶段，才能形成中国和中华文明的全面现代化。

中国的精神文化的发展植根于中华文明的伟大传统之中。进入近代之后，在西方文化的冲击下，社会上对于中国文化的价值产生大量的情绪化和激烈冲突的论调。"五四"运动打倒孔家店的口号具有冲破封建束缚的时代意义，对中国文化的发展有不容否认的正面意义，与文化虚无主义是完全不同的。文化虚无主义者否定中国传统文化，在现代化的旗帜下主张全盘西化；而复古主义则沉迷于中国文化的古董，走进反进步、反科学的泥潭。

历史的发展则超越了所有这些论点，产生这些论调的一百多年来的中国近代史已经结束。历史要求中国发展，要求中国走在全世界发展的前列。西化论和复古论都已过时，历史已经要求世界超越西方，中国可以承担起世界的命运，而中国的现实和世界的历史都说明，中国的使命在于它的发展前进，而非倒退。

中华文明走出迷惘的时代，我们这一代处在一个伟大而具有挑战的历史阶段。

总结历史、展望未来，这就是《话说中华文明》的意义和使命。我们创作《话说中华文明》，力求总结和回顾中华文明的全貌，在内容和形式上都开创一个新的局面。在内容结构上，既具有一定的深度，又具有相当的广博性，既有严谨、准确的学术价值，又有活泼、流畅的可读性。我们在本丛书内容纳了中华文明的各个方面，使它综合了大规模学术著作的系统性、严密性和普及读物的全面性、简易性，它既可作为大型工具书检索中华文明的各个成分，又可作为通俗的读物进行浏览。

我们从上世纪90年代初起就开始思考中华文明的历史和现实问题，并逐渐形成了编著《话说中华文明》的设想。在开展这项庞大的文化工程之始，我们就聘请了国内权威学者李学勤、罗哲文、俞伟超、曾宪通、彭卿云诸先生担任学术顾问，他们对计划作了充分讨论，并审阅了大量初稿。我们聘请了广州、香港地区的社会科学学者、大学教师、研究生以及我社编辑人员几十人担任稿件的撰写工作。

通过创作这部书，我们深深地感受到了中华文明的博大精深，也感受到了它的内在缺陷。中华文明具有辉煌的时期，也有苦难的年代，有它灿烂的成就，也有其不足的方面。中华文明在自身中能够吸取充分的经验和教训，就能够使自身健康壮大，成长发展。

通过创作这部书，我们也深深感受到了出版事业的使命和重任。我们希望这部书能受到广大读者的喜爱，起到它所应当起的作用。为中华文明的反省、前进和奋起作一点贡献。

目 录

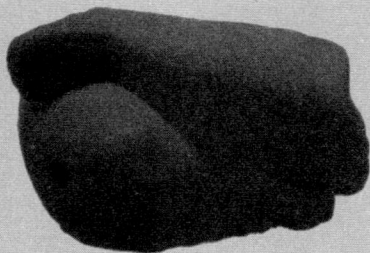

史
前

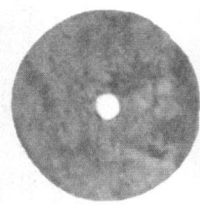

中国文明产生的背景

　　中国文明产生于中国的土地上。它由生活在这块土地上的中国人培育、发展，经历了数千年辉煌而又曲折的历程，凝聚了历代中国人的心血，成为人类文明的一个主要组成部分，对人类文明的发展起着不可缺少的作用。

　　中国文明是与创造它的中国人民紧密联系在一起的。中国文明是中国人的文明，不管它融汇了多少外来成分，它始终是中国人民创造的，是中国人民生命活动的结晶。而生活在中国土地上的人们，在漫长的史前时代经过长期的探索、创造和生命活动，成为一支独立的人群也就在于他们创造的文化，中国文明是中国人民区别于世界其他民族的标志，是他们生存的一个根本组成部分。

黄河，中华文明的摇篮。

中国文明产生的自然地理背景

　　无论是作为地理概念还是政治概念，"中国"在历史上都是相对稳定的。中国位于北半球，欧亚大陆东部，东邻世界最大的海洋——太平洋，北接西伯利亚，东南距印度洋不远。它横跨赤道带、热带、亚热带、暖温带、中温带和寒带，而以亚热带、暖温带、中温带为主。中国地形西高东低，构成以青藏高原为第一阶梯，青藏高原的北缘东缘、大兴安岭、太行山、巫山、雪峰山等为第二阶梯，东部低山和大平原为第三阶梯的下降地形，西部多山脉，呈不同走向，围成众多盆地和高原；东部多水，长江、黄河、珠江、黑龙江等在此形成主干。西北部河流多属内流水系，其余大部分河流属外流水系，大都发源于青藏高原，注入太平洋。西部有冰川遗迹，西北多戈壁沙漠，黄河中流分布有黄土高原，西南热带地区喀斯特地貌发达。华北平原、长江中下游平原以及东北平原、珠江三角洲等农业发达，物产丰富，成为哺育中华民族和中国文明的地理环境。

　　人类在第四纪全新世（约距今12000至10000年前左右开始）中进入现代人阶段，并开始了人类有史时代，而中国的这一地理环境在全新世中已基本形成，它是中国土地上的现代人及其文化，中国文明的自然地理背景，但是在中国文明的萌芽阶段，在人类走向现代人的过程中，上新世末（距今240万年）至更新世的地质活动仍在造成中国的地理形势，喜马拉雅运动形成了喜马拉雅山褶皱带和台湾褶皱带，在中国广大地区引起继承性的断裂活动，决定了中国的地貌，形成了东亚季风体系，决定了中国气候。因此，在中国文明发生过程中，自然地理环境在发生着变化。

　　在早更新世，中国境内的猿人大都分布在第二阶梯东部，位于河流地区、盆地边缘，气候温暖潮湿，森林草原广布，适合于猿人生存。而北京猿人生活于一个干燥与湿润期不断明显交替的环境中，这影响了北京猿人的生活，也决定了他们的发展，而中更新世中晚期的丁村人、马坝人、桐梓人等已从森林草原、黄土台地环境走向森林区盆地和河流阶地，生活于热带或亚热带及森林中，而随着人类生活能力的增强和气候的变化，在西北、东北、西南等干热荒原、寒冷苔原、湿热森林中也开始了后期旧石器的人类活动。

进入全新世以后，随着最后一次大冰期的结束，全球气候变得暖湿，中国东部开始受东亚季候风控制，中国近代地形形成，人类进入新石器时代，长江地区的水稻、黄河地区的粟开始发展，畜牧、村落全面形成。

中国文明的自然地理环境在很大程度上决定了它的特质，中国复杂、丰富的地理环境产生了扩散、广泛的文化，而没有出现两河流域和尼罗河三角洲以灌溉为主体的高度集中、单一的经济文化，东亚季风和东部水系决定了中国文明广泛、深厚的文化传统。

中国文明的人类体质构成

当代中国人属蒙古人种的东亚类型和南亚类型，历史上的中国人民也以蒙古人种（又称黄种人等）为主体。蒙古人种起源于中亚和东亚，逐渐向南北、东南亚扩散，蒙古人种一般体形肤色中等，头发直而硬，体毛和须发较少，鼻宽度中等，鼻梁较低，脸平扁，唇厚中等，眼睑大多有内眦褶且眼角有角度（俗称蒙古眼），高眼眶，颧骨突出，多铲形门齿，面骨平扁，少体味。蒙古人种在亚洲、美洲有很多分支和亲缘。

各种人种属同一物种，有共同的起源，其主干在 3.5 万年前可能已经开始出现，中亚、东亚的晚期智人骨显示出蒙古人种的发展，新石器时代的中国人更是明显以蒙古人种为主体。新石器时代黄河上游居民在体质上接近蒙古人种的华北类型，而中游地区的仰韶文化居民则有更多的南亚类型特征。但是中国文明的体质构成不是单一的，山顶洞人中有标准的蒙古人种，也有无可置疑的北欧人种头骨，黄河下游的大汶口文化居民可能有波利尼西亚的因素，河姆渡文化和广东一些人骨有明显的澳大利亚—尼格罗的成分，商代殷墟人头骨也包含了几种不同种族的人。

石器时代以前的人类处于长期和大幅度的迁徙中，人类进入有史时代和形成地域性民族后则相对稳定，因而在中国人民形成一个独立整体和中国文明形成的过程中，融汇了众多的要素，在中华民族形成之后，也不断吸收新的成分。

中国文明产生于旧石器晚期到新石器时代的中国土地上，由以蒙古人种的东亚和南亚类型为主体的众多人等创造，这些不同的人在中国土地上哺育了中国文明，并融汇为中华民族。

中国人民的体质特征在很大程度上是适应东亚中纬度的地理环境的，中等身材。中等肤色与中纬度的日照、温度相应，蒙古眼、平鼻可能起源于中亚寒冷的多风沙气候。人民的体质在多大程度上决定了文化的特质还没有统一的结论，但蒙古人种平和、安稳的性格在中国文明上打下了烙印。

中国史前文明在世界史前文明的地位

中国文明是人类文明的一部分，中国文明不但有它自身的价值，也有着世界的意义。没有中国文明的人类文明是不完全的。但这不只是缺少某个部分的问题，因为中国文明的存在是人类文明存在的一个基石，中国文明直接影响、推动了人类文明的其他部分。另一方面，脱离人类文明的中国文明也是虚假的，中国文明的产生和发展都受人类文明统一进程的制约，它时刻都在接受人类大文明的影响。

中国人民来源于统一的人类，中国文明产生于人类远古文明产生的大浪潮中。

370 万到 100 万年前的南方古猿已经开始了从猿到人的过渡，猿人开始使用人造工具，体质逐渐变化，到 170 万年（或 150 万年）前，直立人出现于地球，并广泛出现于亚、非、欧大陆上，在中国出现了北京人、蓝田人、元谋人。早期智人（尼安德特人）开始接近现代人，而 4 万年前的晚期智人（新人）则已经基本与现代人没有差别，人种开始出现，旧石器时代接近结束，最后完成了从原始人向现代人的转化，人类的生活生产能力不断提高，社会组织更加复杂，在长期、广泛的迁徙中把早期文明传遍世界。

约 1 万年前左右，人类进入新石器时代，出现了原始农耕和畜牧，人类由食物采集者变为食物的生产者，人类完成了一次历史性飞跃。农业使人类

话说 中华文明

中华文明起源

中国自然景观卫星影像图
1：18 700 000

中国自然地理卫星影像图

有可能转入相对定居的生活，并使人口增长，世界出现了几个农业中心，并向各地扩散，亚欧大陆上以黄河长江流域、印度河恒河流域、两河流域、欧洲为中心形成了一个农耕中心地带，在此基础上，社会组织不断发展，由原始公社发展出国家，生产技术不断提高，出现了早期科学哲学思想，人类文明进入一个新的时代，孕育出中国、印度、埃及、美索不达米亚这些古代文明。中国文明产生于这一历史大潮中。

埃及在公元前60世纪进入铜石并用时代，公元前30世纪出现第一个王朝，在其后的五六百年间全面发展，达到第一个伟大高潮。苏美尔人于公元前50世纪定居于两河流域，影响了众多王国，创造出辉煌文化。公元前30世纪在克里特，公元前20世纪在印度流域也出现了繁荣的青铜文明。这些文明中心是人类文明的主要发源地，它们是古典文明和现代文明的起源和基础。

中国的新石器文化和铜器时代文明产生于这一时代，创造出灿烂的夏商文化，成为人类文明的远东中心。新石器时代是人类文明产生的关键时代，人类在这一时代中发展出了真正意义上的人类文明，也发展出了真正意义的个体文明，人类文明是由各个相对独立的个体文明组成的，人类文明的历史也就是个体文明发展和融汇的历史。在人类文明历史上，中国文明的产生是一种具有深远意义的事件，它顺应人类文明发展的脉搏而发生，决定了中国人的文化行为和生活方式，也决定了人类文明的发展方式。

中国文明的来源

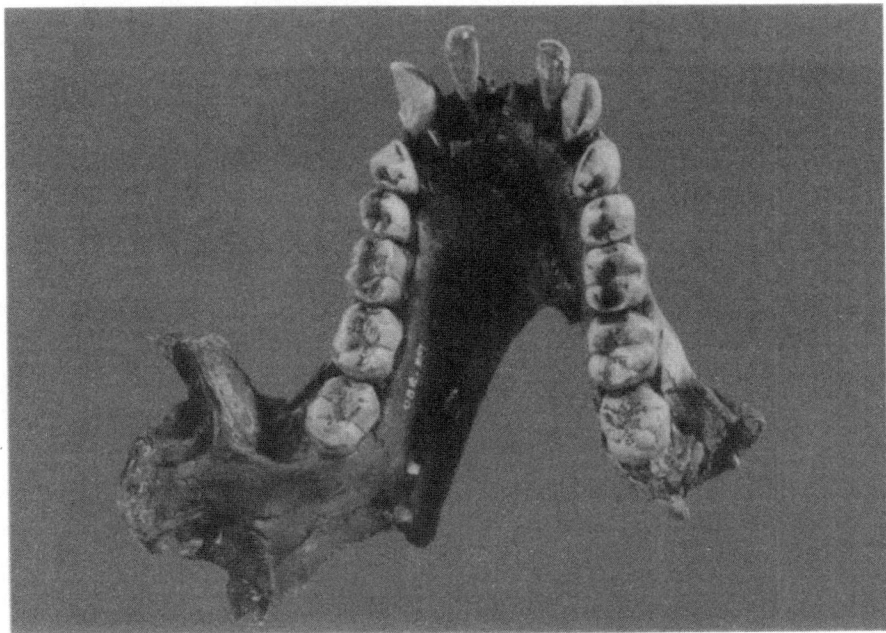

云南禄丰县石灰坝发现的拉玛古猿下颌骨化石

007

中华文明起源

中国古人类遗址分布图

元谋猿人门齿化石

山西芮城西侯渡遗址

猿人时代

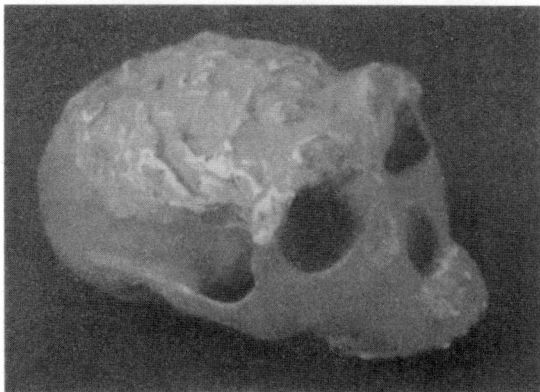
蓝田猿人复原头骨

蓝田猿人遗址出土的古剑齿虎牙化石

中国是人类文明的发祥地之一。中国文明的发展源头具有多源性，据考古研究的成果表明，中国境内的古人类分布广泛。西侯渡遗址是中国最早的人类文化遗址，云南元谋人化石是中国最早的人类化石，观音洞文化和北京人文化是中国南方和北方旧石器时代早期有代表性的重要文化。

人类的始祖拉玛猿生存于距今800万年前，我国云南开远、小龙潭、禄丰等地已发现拉玛古猿化石。而湖北建始、巴东发现的距今约300万年前的南方古猿化石，则是从猿到人的转变过程中的最后代表。山西芮城西侯渡文化遗址位于黄河中游左岸高出河面约170米的古老阶地上，年代为距今180万年，西侯渡遗址的文化遗物和动物化石集中分布在约1米厚的交错砂层中，而砂层则在早更新世的砂砾层内，文化遗物共发现石制品32件，包括石核、石片及加工的石器，石器原料主要为石英岩、少数为脉石英和火山岩，石器采用了锤击、砸击和碰砧三种方法，说明石器工艺达到一定水平。与文化遗物共生的动物化石有鲤、鳖、鸵鸟及22种哺乳

北京猿人复原胸像及 1936 年周口店北京猿人遗址发掘情景。

动物。其中有一个保存两段鹿骨的头盖骨，化石中还有一些呈黑、灰和灰绿色的马牙和动物肋骨，化验表明是被烧过的，这些表明西侯渡是人类活动的遗址，西侯渡文化具有一定的进步性质。

中国境内发现的最早的人类化石是元谋人，它因 1965 年在云南元谋县上那蚌村附近发现而得名，据碳十四测定生活年代距今约 50—60 万年。元谋人化石包括两枚上内侧门齿，属同一成年人个体。这两门牙齿很粗壮，唇面平坦，具有明显的原始性质。从其出土的 7 件石制品来看，人工痕迹清晰，原料为脉石英，器形不大，有石核和刮削器。另外还发现两块黑色的骨头，经鉴定是被火烧过的，这是表明当时人类用火的痕迹。与元谋人共生的哺乳动物化石有剑齿虎、缟鬣狗、云南马、爪蹄兽、中国犀、轴鹿等 29 种，从动物化石和植物孢粉分析，当时的自然环境呈森林草原景观，气候比较凉爽。

中国境内发现的最早的直立人是蓝田人，距今约 75—80 万年。1963 至

1966 年在陕西蓝田公王岭中更新世早期地层中，先后发现一批珍贵的古人类化石、打制石器和动物化石，被命名为蓝田人和蓝田文化。蓝田人眉骨粗壮，前额低平，骨壁厚度超过北京人，大脑容量较小，约 780 立方厘米。打制石器粗大，器形不规整，具有一定的原始性，但在使用上已有某种程度的分工。

距今约 40—70 万年前中国西南观音洞文化为中国南方旧石器时代早期的人类历史提供了重要资料。观音洞遗址于 1964 年发现，位于贵州黔西县沙井，观音洞是沿东西方向裂隙形成的窄长洞穴，洞内文化遗物分早、晚两期。早期堆积为含角砾的砂质粘土，有大量石器和动物化石，哺乳动物有嵌齿象科、巨貘等，地质时代为中更新早期。晚期堆积为红土层，含石器和哺乳动物化石，石器中刮削器占 80%，端刮器有 100 多件，另有少量砍斫器、尖状器，石器原料以硅质灰岩为主，石器加工形状不规则，大小相差很大。

中国境内的人类遗址中材料最丰富也最系统的是北京人遗址，它位于北京周口店龙骨山的洞穴中，距今约 40—50 万年。北京人遗址的堆积物厚 40 米以上，主要由石灰岩碎块和粘土、粉砂等残积物构成，堆积物中留下北京人用火的灰烬，较大的灰烬层有 4 个，另外还出土了 10 万多件石器，表明这里已有早期人类活动。北京人化石包括头盖骨 6 个，头骨和面碎片 12 块、下颌骨 15 块、牙齿 157 枚等，共代表不同性别、年龄的 40 个个体。北京人头盖骨低平，额向后倾，比猿类增高，但低于现代人，北京人脑量平均为 1043 立方厘米，介于猿人和现代人之间。北京人的下肢骨髓腔较小，管壁较厚，但在尺寸、形状、比例和肌肉等方面都和现代人相似，这证明他们已善于直立行走。北京人的文化遗物包括石制品、骨角器和用火遗迹。石器有砍斫器、刮削器、雕刻器、石锤和石砧等多种类型。北京人穴居，以狩猎和采集为生，靠群体的力量进行艰苦的斗争。

北京人头盖骨的发现，特别是随后发现的石器和用火痕迹，使直立人的存在才得到肯定，从而基本上明确了人类进化的序列，为从猿到人的伟大学说提供了有力证据。

观音洞文化和北京人文化有明显的差别，又有惊人的相似之处。北京人的石器与观音洞文化的同类石器相近，两者之间的差别说明早在旧石器时代早期，不同地区的文化已显示出复杂化和多样化趋势。使中国古代文明多姿多彩。

智人时代

　　中更新世末期，我国经历了一次庐山冰期，其后气候变暖，人类体质和文化发展都进入一个新阶段。人类体质普遍由猿人或直立人发展为早期智人，而人类文化则发展为旧石器时代中期文化。这个时期的延续时间距今大约十万至五万年。

　　在我国发现的早期智人化石中，金牛心人、大荔人和许家窑人为由猿人向早期智人的一种过渡形态，典型的早期智人有马坝人、长阳人等。在北京周口店新洞、山西襄汾丁村、辽宁喀左鸽子洞等地发现的人类化石也属典型的早期智人。华南旧石器中期文化遗存至今发现甚少，仅贵州桐梓岩灰洞有十二件石制品，似与观音洞石器有些联系，而从体质特征看，早期智人比直立人脑盖较薄，脑容量较大，动脉枝较复杂，说明其智力已有明显发展。我国早期智人一般颧骨较为前突，眉嵴较平而非呈前突弧形，其头面已显示出蒙古人种的某些特色，但作为人种在这个时期还没有最后完成。

北京猿人山洞出土的文物

　　同属于旧石器时代中期的丁村人和马坝人，在早期智人中颇具代表性。马坝人遗址在今天广东曲江马坝圩狮子岩洞穴中，根据所发现头骨资料可知"马坝人"脑容量大约为1225毫升，顶骨前囟处厚度薄于"北京人"、厚于现代人，约7毫米；丁村人遗址在汾河中游临汾宽谷的南端，即今天山西汾河流域襄汾丁村等地，"丁村人"的人骨化石顶骨较薄，有进步性，门齿舌面低陷作铲状，很像后来的黄种人，臼齿的咬合面纹理结构介于直立人与现代人之间。从丁村、马坝遗址可以看出早期智人大多活动在温和湿润，有着纵横河流、谷地的适宜环境。

旧石器时代中期文化较早期文化的进步主要表现在打制石器的技术不断提高，石器的形状比较规整，类型比较确定，种类也有所增加，表明当时的技术和生产力水平较旧石器早期有所提高。在丁村文化遗址中还发现了一定数量的鱼类和软体动物遗存，表明丁村人除以狩猎为主外，渔捞也是重要的食物来源。

旧石器时代中期文化还有地方性的差别，有着明显的地区性特征。例如许家窑文化的石器与丁村文化的石器就大不相同。

大致说来，许家窑文化多小型石器，类型较多，有些石器精巧复杂，是细石器的母型。小型刮削器占绝大多数，其很明显是从旧石器时代早期的北京人文化发展而来的。丁村文化则多大型石器，石片角较大，加工较精，类型较确定，大三棱尖状器是其突出特点。

北京猿人遗址出土的红烧土

中华文明

中华文明起源

许家窑人遗址

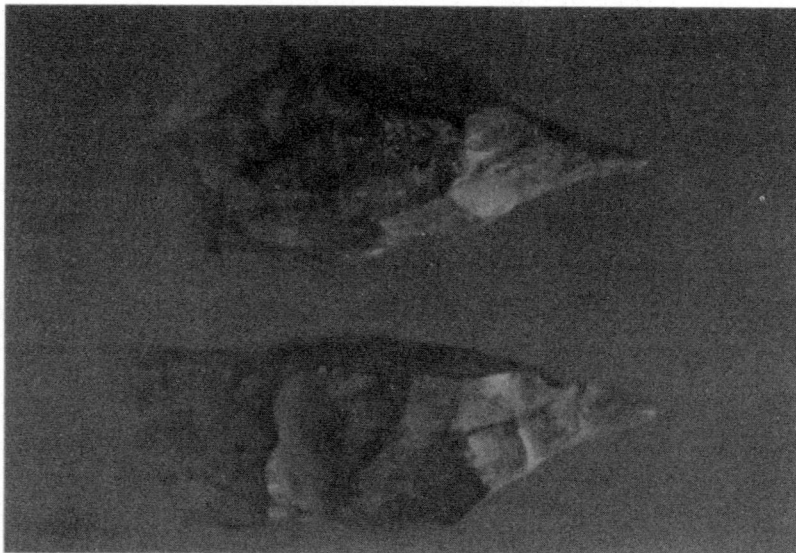

丁村人使用的尖状石器

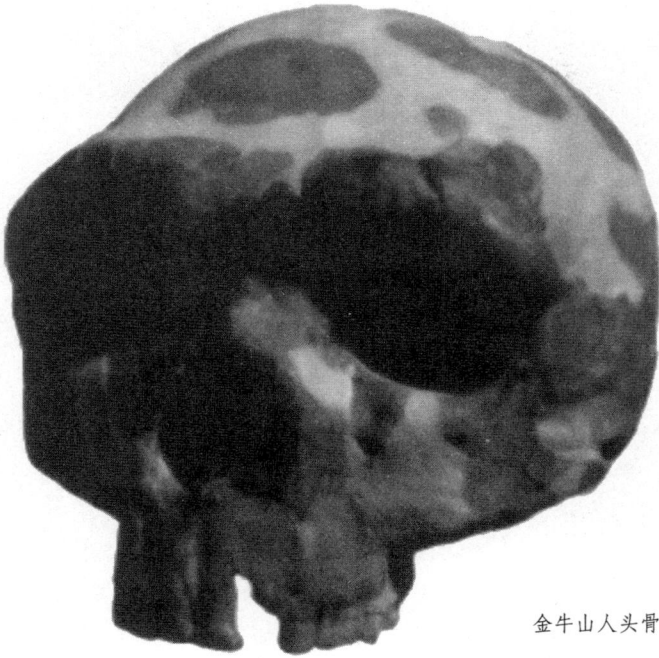

金牛山人头骨化石

许家窑文化的角器

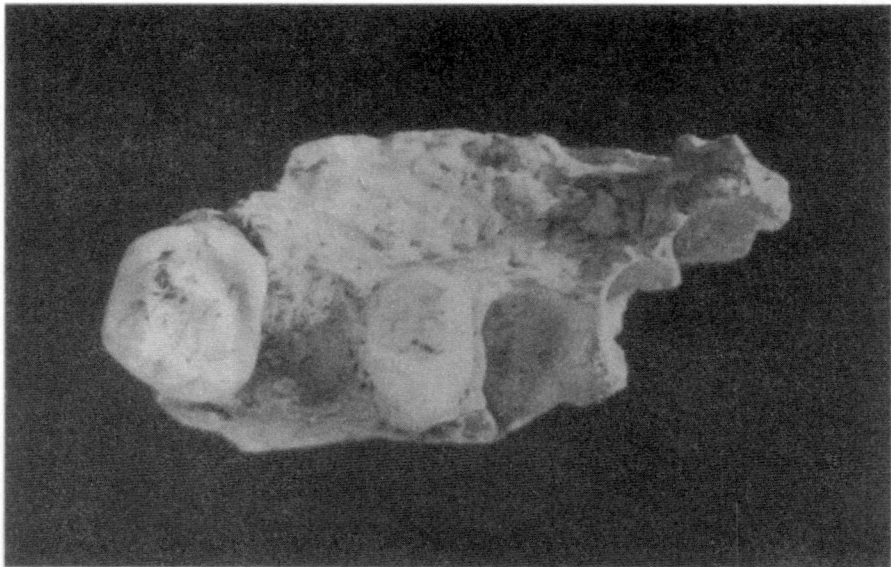

长阳人上颌化石。长阳人化石发现于湖北长阳赵家堰区下钟湾，长阳人已具有现代人的性质，其生活时代为旧石器时代晚期。

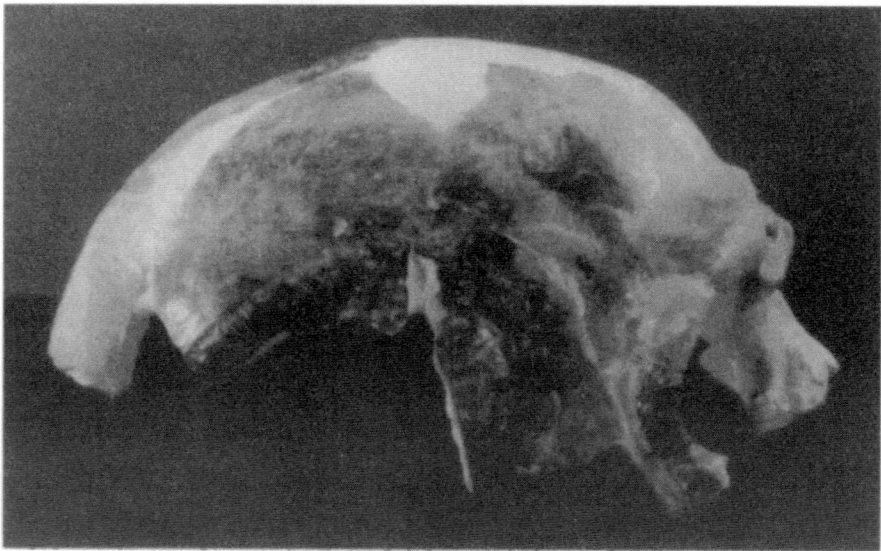

马坝人头盖骨

位于广东曲江马坝乡狮子峰的马坝人遗址

晚期智人

　　大约在距今五万年前，地质年代进入晚更新世，人类体质也发展到晚期智人（也有人称为现代人）阶段。

　　与旧石器时代前期相比，晚期智人脑量增加，为1300—1500毫升，在现代人脑量的变异范围之内，其面部轮廓和现代人也十分相似。中国境内发现的晚期智人遗址，主要有宁夏水洞沟遗址、内蒙萨拉乌苏河沿岸遗址、广西柳江通天岩遗址、山西朔县峙峪遗址、河南安阳小南海遗址、北京周口店山顶洞遗址等等。

　　宁夏水洞沟遗址是目前发现最早的旧石器时代晚期文化遗址，约在五万至三万年前。出土近1000余件石制品，形制较大，加工精致。有石镞，说明

中华文明起源

水洞沟人已使用弓箭，还出土一枚磨制骨锥和鸵鸟蛋皮磨成的圆形穿孔饰物，说明人们已经初步具有审美意识。

内蒙萨拉乌苏人和宁夏水洞人，时期大体接近，遗址中出土属于晚期智人化石共23件，包括牙齿、额骨、肩胛骨等。出土石制品约500余件，石器最为显著的特点是器形很小，后人称之为"细小石器"。

广西柳江通天岩遗址，距今约五万至三万年，出土有头骨、股骨、椎骨等，它是中国以至整个东南亚迄今所发现的最早的晚期智人化石。

山西朔县峙峪遗址，距今约三万至一万年，遗址中除发现晚期

山顶洞人复原胸像

智人的一块枕骨外，还发现2万余件石器，它对研究细小石器的特征、弓箭的使用等方面具有重要的意义。峙峪文化成为华北地区细石器文化的先驱。

河南安阳小南海遗址，距今约二万至一万年。遗址中除发现鸵鸟、洞熊等18种动物化石外，还发现大量的石制品。有些石器已具有固定类型，它表明小南海文化的石器制造技

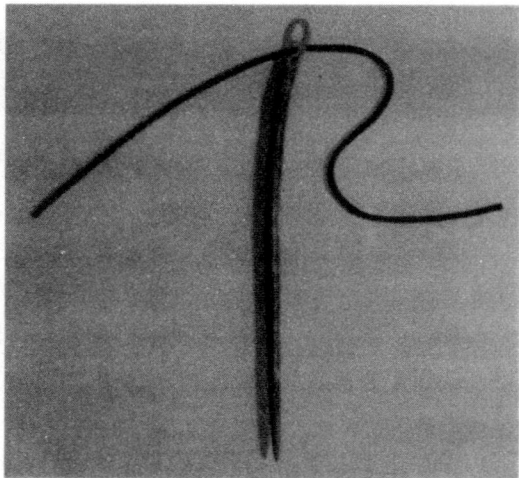

山顶洞人磨制的骨针

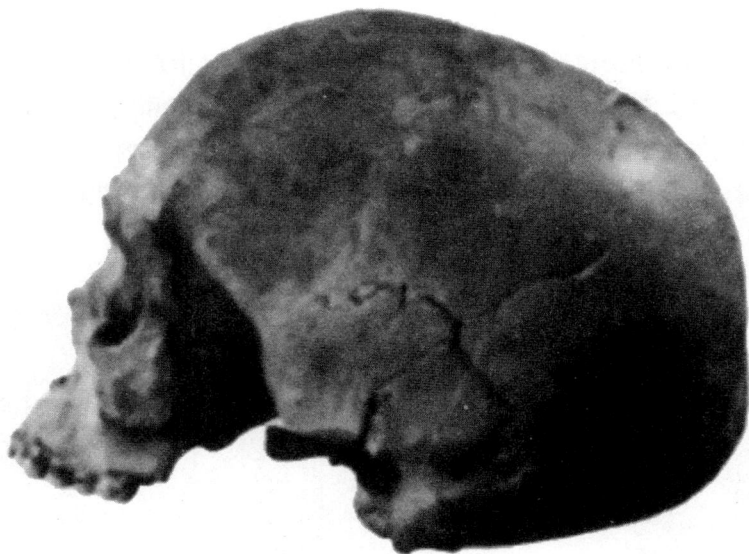

　　柳江人头骨化石。广西柳江县通天岩出土的柳江人头骨,其形成特征表明是新人的早期类型,比周口店的山顶洞人和资阳人更为原始。

峙峪文化的石器

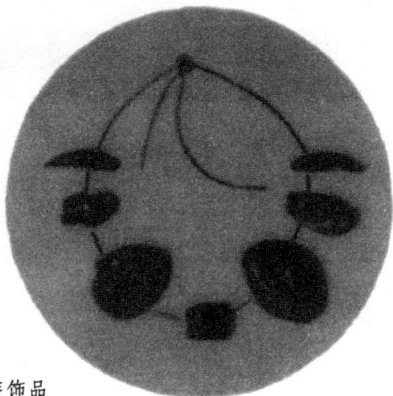

山顶洞人装饰品

019

术已相当进步。

　　北京周口店山顶洞遗址，距今约二万至一万年。遗址中发现的山顶洞人化石共有 8 个男女老幼个体，不论脑量还是人体体质特征，都和现代人接近。洞穴堆积中还发现 54 种脊椎动物化石，其中绝大部分为华北、内蒙及东北地区的现生物。山顶洞人能制造石器和骨器，而且在骨器上制作一些精致的装饰品。

| 古猿 | 能人 | 直立人 | 早期智人 | 晚期智人 |

人类演变示意图

中石器时代

宁夏灵武水洞沟出土的尖状石器

大约在前10000年至前5500年世界人类进入了地质上的全新时期，地球上最后一次冰期结束。随着气候的逐渐变暖，自然环境发生了变化，在新环境下，原始人群的生产活动也随之改变，导致了旧石器时代的结束和新石器时代的开始。这个过渡阶段被称为中石器时代。

在我国，属于中石器时代的遗址发现的很少，主要有山西鹅毛口遗址和陕西沙苑遗址。

山西鹅毛口遗址，距今八千至五千年，它是一处重要的中石器时代石器制造场遗址，与内蒙的大窑、广东的西樵山，合称为我国史前时期三大石器制造场。石器类型丰要有石斧、石锄、石锤、大型砍斫器等。石斧、石镰、石锄等农具的发现，是我国目前发现的最早农具，证明当时原始农业已经出现。同时，在磨制粗糙的石斧过程中，从打制毛坯，到锤击凸棱，再到磨光，可以看出鹅毛口人在从旧石器向新石器演变过程中新石器的制作过程。

沙苑遗址位于陕西朝邑、大荔两县交界处。遗址中出土石片、石器三千余件。其中五百多件经过加工或使用留有痕迹。种类主要有石镞、刮削器、尖状器、石叶、石核等。石片石器是这里的典型器，又以尖状器最有代表性。刮削器和尖状器的使用，说明古人在制造生产工具方面技术大为提高。

中石器时代，人类依然过着采集渔猎的经济生活，原始农业初步出现，使用生产工具向细小化发展。在制造方法上，大量采用间接打击法及刮削法，

比起旧石器时代前期，是一种技术上的重大进步。生产工具以细石器为主，也反映了当时人们对劳动工具的新的需求。旧石器时代已经崭露头角的复合工具，在中石器时代得到了长足的发展，那种极薄的小石叶，被镶嵌在木或骨质的柄上组成复合工具，具有美观、轻便灵活等特点。同时，石镞的发现，说明这时已开始使用弓箭，弓箭的使用提高了人们捕获野兽的能力，使人们有可能将暂时不食用或弱小的猎物豢养起来，并逐渐驯养为家畜，为家畜饲养业或畜牧业的发展打下了基础。

史前

约 5500—5000B.C.

裴李岗文化（早期新石器文化遗存）。1977—1979 年在河南新郑县裴李岗村发现。有原始艺术作品，饲养业已经产生。

约 5400—5000B.C.

磁山文化（早期新石器文化遗存）。1973 年在河北武安县磁山发现。陶器为手制夹砂红褐陶，还出土有猪、狗、牛、羊、鸡等家养畜禽骨骼和腐朽的粟类。

约 5400—4400B.C.

青莲岗文化（新石器时代文化遗存）。1951 年在江苏淮安县青莲岗首次发现。陶器绝大部分为泥质红陶和夹砂红陶，出现木柱泥墙分体结构住房。

约 5000—3300B.C.

河姆渡遗址，1973 年在浙江余姚河姆渡村出土，发现大量人工栽培水稻谷粒和秆叶。猪、狗、水牛等已作家畜饲养。出土陶埙和骨哨。还有双鸟朝阳、鸟形象牙雕刻等雕刻工艺品秆；另有陶塑人头像。发现干栏式建筑遗迹。还发现我国最早的水井遗迹。木桨的出土，说明已有舟船。出土玉料和莹石磨制的璜、玦、管、珠等饰物。

约 5000—3000B.C.

仰韶文化，（母系氏族公社繁荣时期的文化）。1921 年在河南渑池仰韶村首先发现。以农业为主，饲养狗、猪等家畜。以绘有黑、红色花纹的彩陶为特征。主要分布于陕、豫、晋、冀等地区。半坡遗址（约前 4800—前 4300 年，仰韶文化半坡类型的代表）。有房基四十多座，墓葬二百多座。该类型陶器均系手制夹砂红陶和泥质红陶。器表有素面、纹饰，以绳纹、线纹、弦纹、锥刺纹、指甲纹为特征性纹饰。彩陶以红地黑彩为主。有我国迄今发现最早的一方石砚和美工用品。临潼邓家庄遗址出土一陶塑半身像，是目前所知最早的有冠人像。出土两个陶埙，能演奏三个音阶的乐曲。半坡和姜寨遗址出土带刻符的陶器二百数十件，共有五六十种符号，一般认为系原始文字。姜寨遗址出土一黄铜片，证明我国冶金史在距今六千年以前已经开始。

华北最早新石器文化裴李岗文化形成

裴李岗文化于 1977 年在河南新郑县的裴李岗发现，是目前已知的华北地区最早的新石器文化，大约出现于前 5500—前 4900 年之间，主要分布在河南中部地带，以裴李岗出土文物为代表，反映了新石器时代早期中段以后的文化面貌。

裴李岗遗址中有房基、窖穴、墓地等村落遗迹，似有一定布局，居住建筑集中在遗址中部，窖穴主要在南部，墓地在西部和西北部。房基为方形或圆形半地穴，直径 2.2 至 2.8 米。墓葬集中于公共墓地，墓穴排列有序，多单人葬。磨制石器多于打制石器，最有代表性的器型是带足磨盘、带齿石镰和双弧刃石铲。农业占有主要地位，作物是

裴李岗出土的红陶三足壶

粟。饲养业也已出现，有家猪、家狗、家鸡甚至家牛。狩猎仍是重要生产活动，以木制弓和骨制箭为狩猎工具。制陶业已经具有一定规模，陶器有红褐色砂质和泥质两种，多碗、钵、鼎、壶等日用器具。陶壁厚薄不匀，据科学测定其烧成温度高达摄氏 900 至 960 度。

裴李岗文化与华北早期新石器文化其他类型一样存有细石残余，表明它与以河南灵井和陕西沙苑为代表的中石器遗存有着渊源关系。从建筑遗存、埋葬习俗、农业生产，特别是陶器形制、纹饰等方面考察，它与后来的仰韶

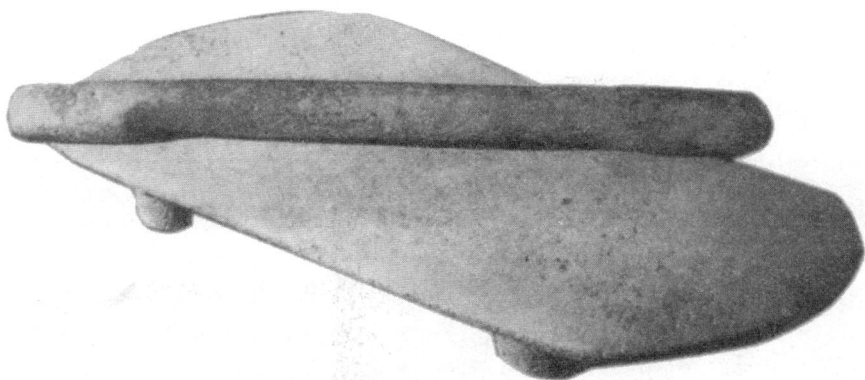

斐李岗出土的石磨盘、磨棒

文化关系更为密切，一般认为，仰韶文化中后冈类型是对裴李岗文化及磁山
文化的继承和发展。裴李岗文化与老官台、李家村、磁山诸文化一起是仰韶
文化的前身，故被统称为"前仰韶"时期新时期文化。

河南密县莪沟出土的石镰

中华文明

传递

中华文明起源

磁山文化：世界上最早植粟和养家畜

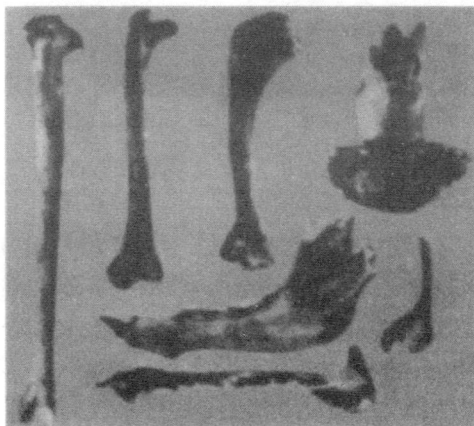

磁山文化出土的鸡、狗骨骼，是世界上已知最早的养鸡遗迹。

1933 年首次发现于河北武安磁山的磁山文化大约出现在前 5400—前 5100 年，它与裴李岗文化一样是华北新石器时代早期的重要文化。磁山文化主要分布在冀南、豫北等地。

农业是磁山文化的主要生产部门，在磁山 80 个窖穴中发现有腐朽粮食粟的堆积，有的厚达 2 米以上，当时的农业生产工具有磨制多于打制的石斧、石刀、石镰、石铲和石磨盘等，制作不如裴李岗文化精细，而且器形与裴李岗略有不同。磁山的石磨盘多呈柳叶形，石镰一般是有刃无齿的。

遗址出土的骨镞、鱼镖、网梭以及鹿类、鱼类、龟类、蚌类和鸟类等骨骸，表明渔业经济仍占重要位置，家兽出土的骨骸有猪、狗、牛、鸡。从当前已知的材料看，磁山文化的主人是世界上最早培植粟和饲养鸡的人。

遗址中还出土有榛子、胡桃和

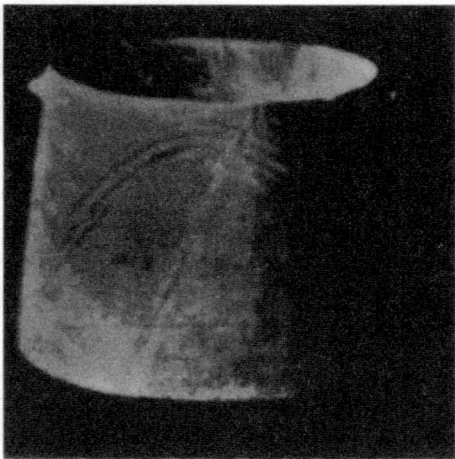

磁山文化陶盂

026

小叶朴等炭化果实，说明当时的磁山人还从事一定的采集活动。

出土的陶器有红、褐、夹褐色 3 种，红色陶样片测定其烧成温度为摄氏700 至 900 度。

中国原始文化的主干仰韶文化形成

新石器时代中期，约前 5000—前 3000 年，仰韶文化出现并繁荣于中国北方，成为中国文明在新石器时代文化高峰中的突出代表，它分布于陕西关中、河南大部、山西南部、河北北部和甘肃、青海河套地区，已有一千多处遗址被发现，覆盖了中国文明早期的核心地带，影响中原大部分后来文化，成为中国文明的主干。

仰韶文化的居民以蒙古人种的东亚类型为主体，包含一些中亚、南亚因素，是东亚蒙古人种的主体文化。中国境内的大汶口文化居民有明显的波利尼西亚特征，南方文化如河姆渡文化居民基本属于澳大利亚—尼格罗人种，仰韶文化在文化上和体质上都成为中国文明的主体。

仰韶文化时期的舞蹈纹彩陶盆。青海大通上孙家寨出土。

西安半坡出土的陶器残片上已有准确的几何图形。

仰韶文化覆盖广，时间延续长，文化内容在时代和地域上都有所差异，但其前期总的说来是统一的，以红陶和越来越多的彩陶为其特征。在其后期，仰韶文化自身开始衰退，其内部和外部产生很多新的因素，最后分化、发展为新的文化，使众多文化繁荣，新石器文化达到最盛期。

仰韶文化是中国新石器时代的代表和中心，农牧业高度发展，从而形成大规模村落定居生活，由此产生更严密的社会组织和繁荣的依赖性手工业，仰韶文化是新石器时代人类生活发展这一阶段的产物。

受地域气候的影响，仰韶文化农作物以旱田作物为主，产生了所谓"粟黍文化"，其产量已足以使几十人、上百人定居生活。农业工具不断产生，石铲是主要翻土工具，爪镰是主要收割工具，成为农耕生产的基础，并在使用中变得薄长、轻巧，石斧、石锛等木柄器具也产生出来。

畜牧业成为经济生活的支柱之一，家猪的饲养越来越多，鸡、牛广泛饲养，在大多数地方都使用了狗。在家畜之外，渔猎也是重要的经济活动。仰韶文化的居民大都临水而居，鱼形也是其彩陶的主要图形。鱼镖、鱼钩和网坠大量使用，刺、钩、网技术都已成形。在狩猎方面，先进的骨箭、石箭、石矛、角矛，以及投掷用的石球被广泛发现，斑鹿、羚羊、野猪、野兔、狸、貉、獾、竹鼠等都是人们的食物。

农业的发展是大规模聚居生活的基础，仰韶文化各遗址都具有了现代村落的密度，其中尤以姜寨完整。姜寨村落面积为55000平方米，圆形，村周

人头饰彩陶壶

围有宽深都为2米的护村濠，村中居住区中心是一个广场。村落以氏族为组有100多座房屋，每个氏族有一个大型公房，为中小型房屋所环绕。房屋有地穴、半地穴、平地起建三种，多间房也逐渐流行。房屋多用三合泥铺地，木骨泥墙。在这种村落中聚集的是凝聚力较强的母系氏族，以老母亲为中心，全家居于中房中，育龄妇女在小房中接待男友，而成年男子平时住在大公房中。稳定的农业收入和大规模村落是形成母系社会的重要条件。

手工业在农牧业发达的基础上得以繁荣发展，在仰韶文化中有麻布、编席，骨锥、骨针、纺轮广泛使用，但最重要的还是陶器。仰韶文化居民有意将河床谷地的沉积土淘洗，选出可塑性、粘性都很高的土质，由手工捏制发展为转轮制作陶器，并出现了仰韶文化最突出的特点：彩陶。仰韶文化早期使用红陶黑彩，单彩色，绘于器物外面，后期则先陶衣再施彩，并且出现双彩。它的图案丰富多彩，由条形到抽象图案无不具有，以动物纹为主，形象明快夸张，陶器用途极广，遍及生活各个方面，饮器、水器、食器、盛贮器无不具备，在形态上为中国青铜器的构造奠定了基础。专门烧陶的窑场有横穴窑和竖穴窑两种，以前者常见。

仰韶文化发源于以渭水中下游地区为中心的半坡类型（前5000—前4500年），这一类型后来发展为史家类型（前4500—前4000年），发展为庙底沟类型（前4000—前3600年）后达到繁荣期，广泛分布于关中、晋南、豫西，

029

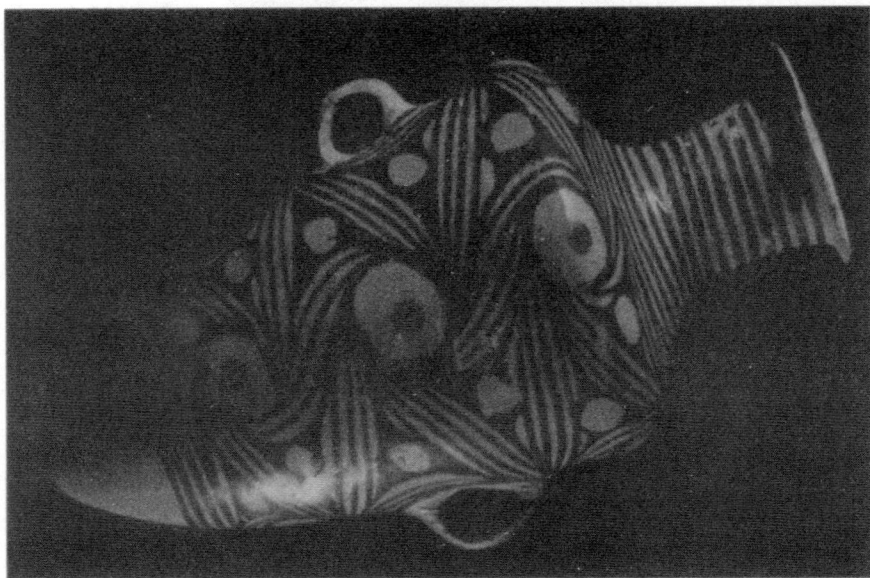

旋涡纹彩陶尖底瓶，属仰韶文化西北地方分支——马家窑文化类型。

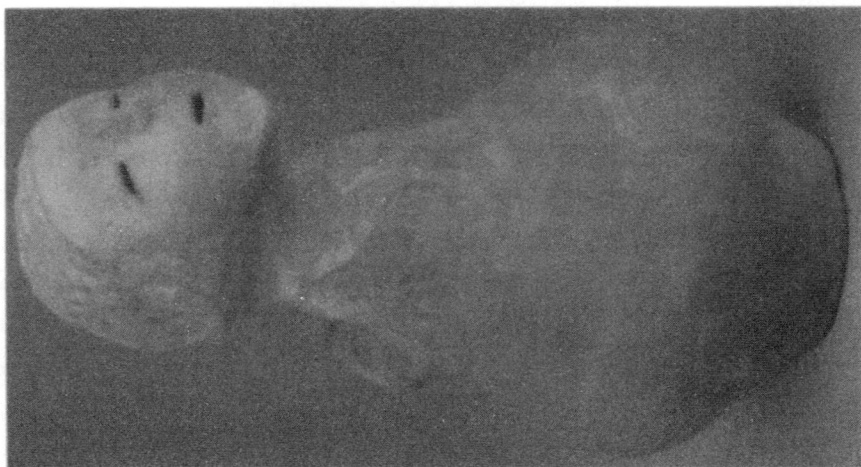

人形陶罐，陕西黄陵出土，仰韶文化文物。

远达河套、江汉地区，又发展为西王村类型、秦王寨类型（前3600—前3000年）等地方类型后开始衰落。

仰韶文化早期代表半坡遗址形成

人面鱼纹彩陶盆

约前5000—前3000年，中国新石器时代辉煌的仰韶文化发源于黄河中游，今陕西省西安市东浐河东岸半坡村出现了仰韶文化早期的中心和突出代表，半坡遗址的发掘，首次大规模披露了一处新石器时代的聚落遗址，为复原中国母系氏族公社的社会生活提供了宝贵的资料，并由此确立了仰韶文化半坡类型。

半坡类型以西安半坡遗址的早期遗存为代表。集中分布在渭水中下游地区，南达汉水中上游，北及河套，东至豫西、晋南，西到陇东。典型遗址还有陕西的姜寨（一期）、北首岭、史家、元君庙、横阵，甘肃秦安大地湾，山西芮城东庄村，湖北郧县大寺等。具有典型特征的陶器有直口弧壁圆底或平底钵、卷唇斜弧腹或折腹圜底盆、平唇浅腹平底盆、直口尖底瓶、蒜头细颈壶、侈口鼓腹平底罐、小口细颈大腹壶、短唇敛口斜直腹或鼓腹小平底瓮等。纹饰主要有绳纹、线纹、弦纹、锥刺纹、指甲纹和彩纹等。彩陶纹样简单朴素，以红地黑彩为主，少数为红彩，主题有鱼、鹿（或羊）、蛙、人面等动物纹，少量植物枝叶纹，以及由直线、横条、三角、圆点、折波等组成的几何图案花纹。

031

双体鱼纹盆

　　半坡遗址东西最宽处近200米，南北最长为300多米，总面积约5万平方米，分为居住、陶窑和墓葬三个区。居住区约3万平方米，北部1/5面积已经发掘，较为完整的建筑基址有40余座，其中大约27座是同时存在的。居住区周围有宽、深各5—6米的壕堑环绕。据推测，这些或圆或方的建筑，可能是母系氏族成年妇女过配偶生活的住房，住房之间散置许多贮藏窖穴。住房建筑群环绕一个广场布置，中央偏东有一座面向广场的大房子，属方形半地穴式建筑，可能是氏族首领和氏族的老幼病残成员的住所，兼作氏族成员聚会之用。陶窑区在居住区以东，从壕堑底残存木桩推测，广场通窑区的东部壕堑上，原来可能有木桥。墓葬区在居住区以北。从粟或黍的遗存可知，附近原来还有农田。

　　半坡类型的工具用石、骨、角、陶制成。有开垦耕地、砍劈用的石斧、石锛、石铲，收割禾穗的石刀、陶刀，加工谷物的石碾、石磨盘、石磨棒。生产以农业为主，发现粟的遗存。主要家畜是猪、狗，鸡和黄牛可能也已家养。渔猎经济仍占重要地位，出土许多石镞、骨镞和石网坠，还有些带倒钩的鱼叉、鱼钩以及石矛。有一种制成颗粒状麻面的陶锉，可能是鞣制皮革的工具。

　　陶器以粗质和细泥的红色、红褐色陶为主，最常见的是粗砂陶罐、小口尖底瓶和钵所组成的一套生活常用器。器表多饰绳纹、线纹、锥刺纹、指甲纹、弦纹和彩纹。彩纹有人面、鱼、鹿、植物等象生性花纹和三角形、圆点组成

半坡遗址

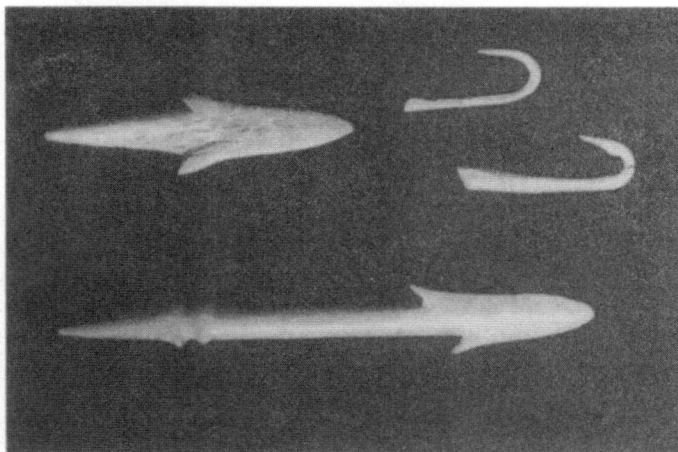

半坡出土的骨鱼钩、骨鱼叉

中华文明起源

储粟陶罐和粟粒

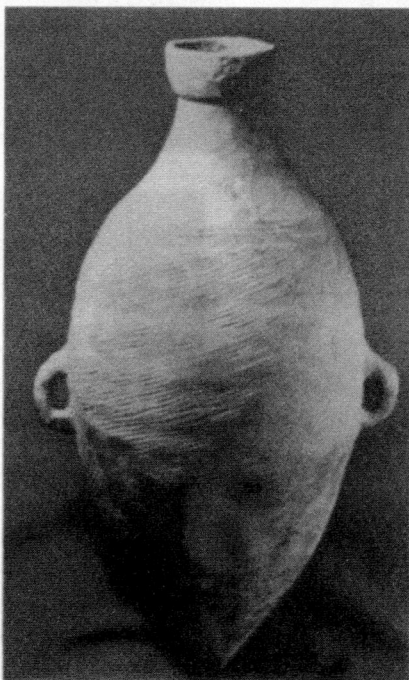

尖底陶瓶

的几何图案花纹，其中不乏工艺价值较高的珍品。在圜底钵口沿的宽带纹上，发现有22种不同的刻划符号，有人认为是中国古代文字的渊源之一。装饰品有用石、骨、陶、蚌磨制成的环、璜、珠、坠、耳饰、发饰以及镶嵌饰等。

半坡类型的墓葬以单人仰身直肢葬为主，约一半有随葬品，主要是日用陶器。其墓葬体现了一些奇特葬俗，小孩瓮棺葬具多打洞，可能是作为灵魂出入的通口，常见"割体葬仪"，被葬者手、足趾割去另外埋藏。

半坡类型后来发展为同地域的史家类型。

马家浜人食用粳稻

1959年，浙江嘉兴马家浜地区发现一处新石器时代的文化遗址。随后又在江南地区的太湖周围，包括苏南、浙西和上海一带先后发现不少相似的新石器早期遗址，如青浦崧泽遗址、吴县草鞋山遗址、吴兴邱城遗址等，人们把它们合称为马家浜文化，年代约为前4700—前3200。

马家浜文化主要特点是：（1）陶器多为红陶。以外红里黑或表红胎黑的泥质陶器为多，普遍采用慢轮修整或轮作，夹砂陶以红褐色为主。器皿花瓣最具特色。（2）使用玉璜、玉玦等装饰品。这类玉器后来成为我国传统装饰品。（3）盛行俯身葬。在马家浜、草鞋山等遗址中发现墓葬200多座，多为单人俯身葬。还有同性合葬墓，反映马家浜文化还处在母系氏族社会。

马家浜文化以农业生产为基础，主要作物是水稻，当时的马家浜人已食用粳稻，在该地区的遗址中都发现了稻谷——粳稻和籼稻。罗家角遗址3、4层出土的粳稻，年代在公元前5000年左右，是目前中国发现的最早的粳稻遗存，在圩墩发现一件残木铲，仅有铲身，两面削成扁平状，刃部较薄。收获用的石刀数量少，制作粗糙。

马家浜人食用粳稻，说明中国栽培稻谷已有七千年以上的历史。中国是世界上栽培水稻最早的地区之一，对世界水稻生产的发展作出了重要的贡献。

新乐人使用煤精

1973 年，人们在辽宁省沈阳北郊新乐工厂附近发现了新乐遗址。新乐遗址大约在公元前 5300—前 4800 年之间，是中国北方新石器时代最早的遗存之一。

在遗址下层发现一座半地穴式房址，平面的圆角长方形面积近 25 平方米，现存壁高 40 厘米，室内中部有灶坑。

遗物中有不少磨制石器，比如长三角形石镞、斧、网坠等。打制石器有砍砸器、石铲、网堕和磨盘、磨棒等。陶器以夹砂褐陶为主，竖"之"字线纹和弦纹为其特征性纹饰。

遗址中发现了磨制的圆泡形饰、圆珠等煤精饰物，雕刻精细，漆黑光亮，是目前发现最早的煤精制品。

新乐人使用煤精，大大提前了中国煤精工艺的历史。

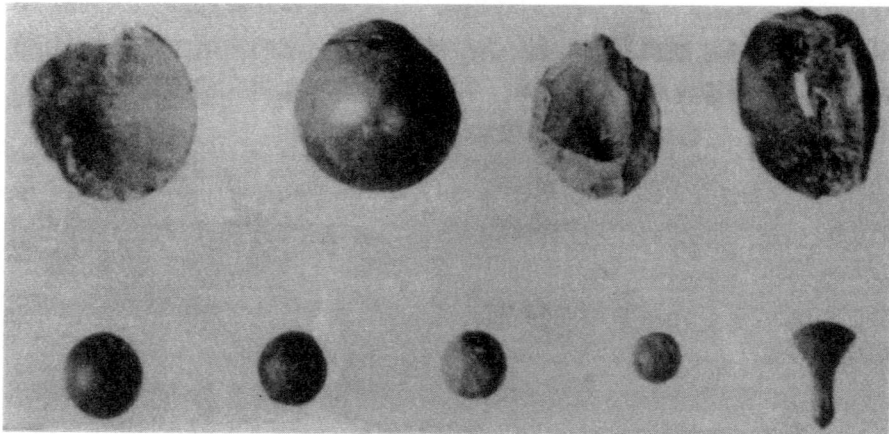

新乐文化的煤精工艺品

中国音乐产生

新石器时代，中国音乐从先民的原始乐舞中脱身出来，发展为高水平的、有中国特色的音乐体系。

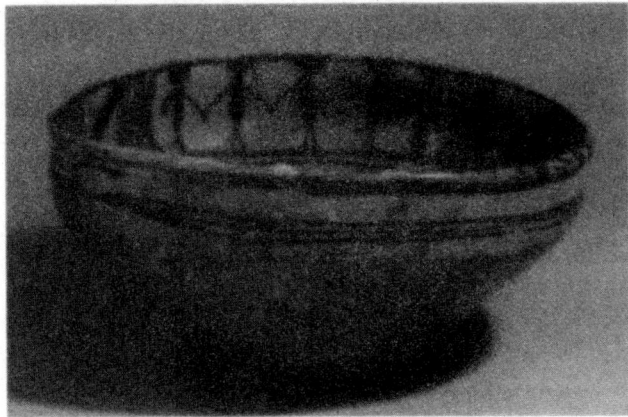

仰韶文化彩陶乐舞图纹饰陶钵。盆内壁上绘有组合式舞蹈纹，纹中人物相互牵手而舞，分腿而蹈，颇具韵律感。

在人脱离猿人演变为现代人的漫长历程中，产生了人类的原始乐舞活动，人们在原始简单打击器的节奏和乐声中尽情歌舞，产生了歌舞一体的原始乐舞，它往往以模仿狩猎活动的化妆舞蹈为主体，也伴随以祈求丰收、愉悦神灵等巫术内容。在一些现存原始民族中，这样的乐舞活动仍有存在，《吕氏春秋》也记载了葛天氏氏族的大型乐舞。青海大通县上孙家寨新石器时代的彩陶乐舞图（5800—5000年前）描绘了一个队列、服饰、动作都一致、整齐的乐舞场面，表现了乐舞的高级形式。

但是在新石器时代，中国音乐已从乐舞中发展成为高度发达的音乐体系，人们对音乐的乐律性质已有了理性认识，随着笛、埙类有明确音高的旋律乐器的出现，人们开始认识音之间的关系，音阶开始产生，并有了将音高纳入模式的乐律知识。山西万泉县荆村和半坡的陶埙已不按绝对音高制作，而具有调式性质，其中一音孔陶埙均能发4个音，并且相邻音阶各埙也大致相同。

早于仰韶文化的河南省舞阳县贾湖新石器遗址出土有十几件骨笛，大多

中华文明起源

为七孔，能奏出七声音阶，结构完整准确，音质较好。有些骨笛在音孔旁还有调音用小孔，可见制作者已有明确的乐律意识和调音水平。中国乐律知识产生于新石器时代，表明中国音乐已完全脱离原始乐舞时

陶埙。单孔陶埙，仰韶文化半坡类型文物。上端有一小孔，轻吹可发出声响，属原始乐器。三孔陶埙，仰韶文化姜寨二期类型文物。压或不压音孔可吹出四种不同声音，属原始乐器。

代，对于音乐的认识有了一个飞跃，真正的音乐开始产生。在这一点上，中国远远走在其他各文明之前。舞阳骨笛解决了先秦有无七声音阶、春秋战国的六声音阶是否由国外传入的争论，它的发现是世界史前音乐遗物中最早、最可靠、最杰出的。

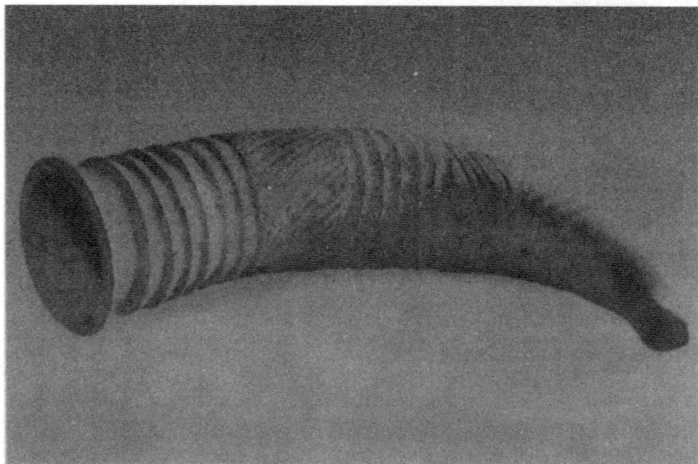

陶号角。距今5000年左右，长32厘米、口径8.5厘米，手制，呈弯形牛角状。山东莒县大米村出土。

中国乐器体系在新石器时代的发源也是中国音乐体系产生的重要标志。在江苏吴江梅堰和浙江河姆渡遗址中都发现新石器时代人所使用的骨哨，已具有原始乐器的性质，并说

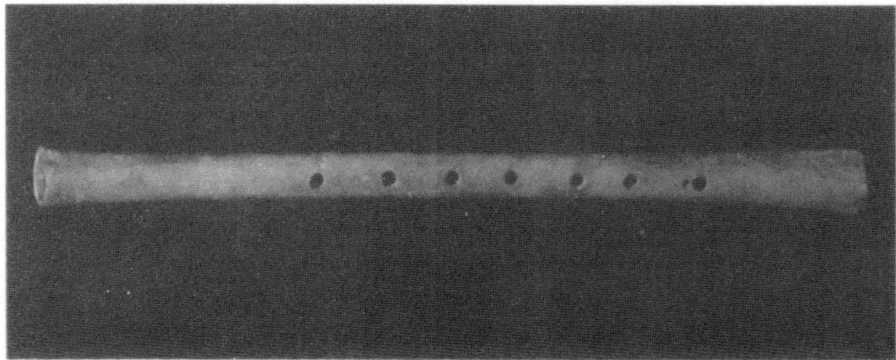

早于仰韶文化的河南舞阳新石器遗址中出土的骨笛。

明管、箫之类易腐难存的器物的出现是可能的。具有音程的埙在中国广泛使用，陶钟、陶铃也出现于陕西龙山文化和甘肃临洮县寺洼山，预示了青铜时代中国钟乐的辉煌。鼓、缶这样的节奏乐器，特别是笛、埙这样的旋律乐器显示了乐器的专门化水平，是中国音乐乐器体系的雏形。

专职乐人和完整作品在这一时代可能已大量出现，中国古代乐人伶伦，作品《韶》《云门》《咸池》等虽然是传说，但也体现出前商时代中国音乐成果对于后代的影响。

新石器时代中国音乐的产生，就是人类音乐在东亚的首先突破，为中国音乐文化的发展奠定了基础，也深深影响了商周的生活方式。

河姆渡文化——中国稻作农业起源

河姆渡文化是中国长江流域下游地区古老而灿烂的新石器文化，因首先发现于浙江余姚河姆渡而命名，主要分布在杭州湾南岸的宁绍平原及舟山岛，放射性碳素断代测定其年代为前5000—前3300年。河姆渡文化遗址共分四层：第3、4层和第1、2层分别代表其发展的早、晚期。早期：约前5000—前4000年，陶器以夹炭黑陶为主，器形有敛口或敞口肩脊釜、直口筒式釜、颈部双耳大口罐、宽沿浅盘等等。晚期：约前4000—前3300年，夹砂红陶和红灰陶占绝对优势，器形有鼎、落地式把两足异形鬶、垂囊式盉等。

中华文明起源

河姆渡文化时期陶炉灶。炉灶的使用不仅是人类文明的进步，且在养生上也有重要意义。

　　河姆渡文化的骨器制作比较发达，有耜、镞、鱼镖、哨、锥、匕、锯形器等器物，磨制精细，一些有柄骨匕、骨笄上雕刻图案花纹或双头连体鸟纹，堪称精美绝伦的实用工艺品。发达的木作工艺是河姆渡文化手工业的又一特色，已出土的许多建筑木构件上凿卯带榫，尤其是发明了较先进燕尾榫、带销钉孔的榫和企口板。在第3层出土的一件木质漆碗，瓜棱形圈足，外表涂有红色涂料，微显光泽，经鉴定与马王堆汉墓出土漆皮相似，为生漆，这是迄今中国最早漆器。

刻猪纹陶缸。陶缸上的猪与现代家猪略有不同，但仅此已证明，河姆渡文化时期的古人已开始了家畜饲养。

　　河姆渡文化的农业以

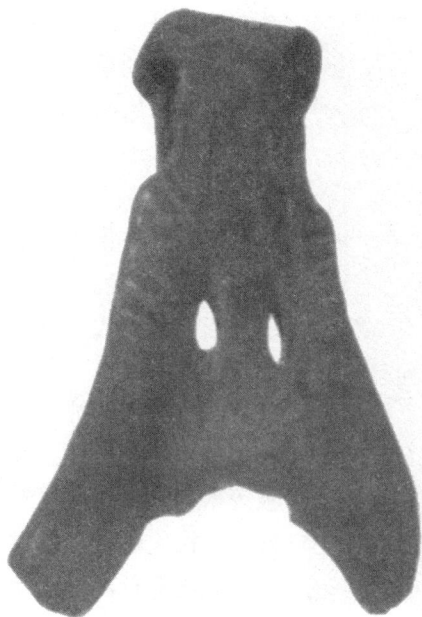

骨耜农具。河姆渡文化早期，骨器数量远远超过石、木、陶器数量的总和，这在中国新石器时代文化中是独有的现象。

种植水稻为主。在其遗址第 4 层较大范围内，普遍发现稻谷遗存，有的地方堆积着 0.2—0.5 米厚交互混杂的稻谷、稻壳、稻秆和稻叶，稻类遗存数量之多，保存之完整，是中国新石器时代考古史上绝无仅有的，经过科技鉴定，主要属于稻籼亚种晚稻型水稻，它与马家浜文化桐乡罗家角遗址出土的稻谷，年代均在前 5000 年，是迄今中国最早的稻谷实物，也是世界上目前最古老的人工栽培水稻，这对于研究中国水稻栽培的起源及其在世界稻作农业史上的地位，具有重要意义。河姆渡文化的农具除石斧等石质工具外，最有特色的是大量使用骨耜，骨耜是一种翻土工具，它们用水牛大型哺乳动物的肩胛骨制成。此外，遗址中出土成堆的橡子、菱角、酸枣、菌类、藻类、葫芦等植物遗存，反映了当时采集业较发达，它仍是必不可少的食物来源。

河姆渡出土大量野生动物遗骨，有哺乳类、爬行类、鸟类、鱼类和软体动物共 40 多种，其中鹿科动物最多，仅鹿角即有 400 多件，其他像淡水鱼在遗址中到处可见，生活在沼泽地的鸟、鱼等动物骸

河姆渡遗址出土的 7000 年前带榫卯的木建筑构件。

骨亦较常见，这些东西是当时主要的猎狩、捕捞对象，使用的鱼猎工具有骨镞木矛、骨哨、石丸、陶球等。

河姆渡文化的主要建筑形式是栽桩架板高于地面的干栏式建筑。在遗址各层发现了与这种建筑有关的圆桩、方桩、板庄、梁、柱、木板等木构件，共达数千件。干栏式建筑是中国长江以南新石器时代以来的重要建筑形式之一，目前以河姆渡发现

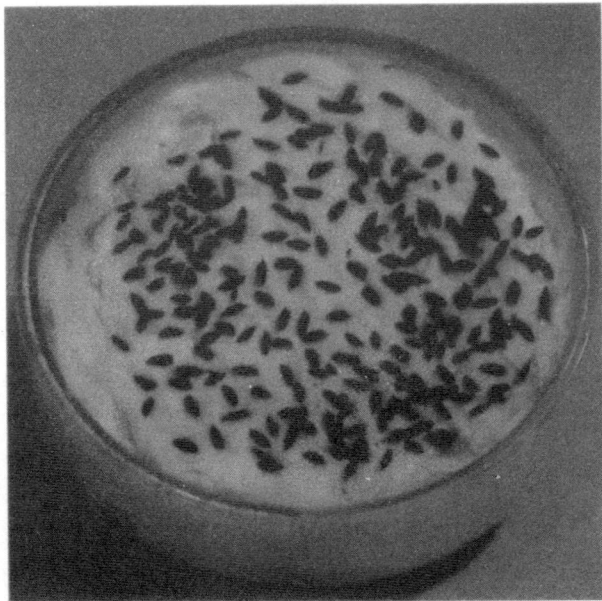
河姆渡遗址的稻谷遗存。这是中国目前发现的最早的稻谷遗存，也是世界上已知的最古老的人工栽培稻。

的为最早，与北方地区同时期的半地穴式房屋有着明显区别。

河姆渡文化的早期遗存与马家浜文化罗家角类型，年代相当，陶器中的六角形口沿的盘盆类和弧敛口双耳钵等形制相接近，表明两者之间存在一定的联系。而河姆渡文化晚期则分别与马家浜文化马家浜类型和崧泽文化大体同时，马家浜类型的素面腰沿釜，在河姆渡文化晚期偶有所见，而河姆渡文化晚期富有特征的垂囊式盉，在马家浜类型中也有个别发现。河姆渡文化晚期可能受到马家浜文化、崧泽文化的强烈影响。以河姆渡文化为代表的长江下游发达的新石器文化，比同时期的黄河流域毫不逊色，其中某些文化因素，如夹炭黑陶中的鼎、豆、壶为代表的礼器组合，水稻的栽培，为以后的商、周文化所吸收，成为当时最具代表性的特征。因此长江下游地区的新石器文化也是中华文明的重要渊薮，代表中国古代文明发展趋势的另一条主线，与中原地区的仰韶文化截然不同。

河姆渡文化出现干栏式建筑

在原始社会漫长的历史过程中，随着人类的出现和进化，人类的居住环境也得到了相应的产生和发展。由于不会从事生产，旧石器时代的原始人只能居住在天然形成的山洞之中；随着生产力的进步，原始人在树冠上搭建所谓的"巢"，开始了巢居；到了新石器时代晚期，他们在架空于地面的木桩上搭建全木结构的木棚，这就是所谓的干栏式建筑。

现在有关干栏式建筑的最早考古发现出现在浙江余姚河姆渡遗址，距今约为5000年，包括至少三栋以上长屋，长达23米，面水一面有1.3米宽的外廊，遗址背山靠水，西南面是一座小山坡，东北面是一片湖沼。建筑的整体结构基本上是下立桩柱、上置地板、板上立柱安梁以芦草或树皮遮顶。

桩柱是建筑中的基础部分，其下端被削成尖状，垂直打入地下生土层。所有桩柱成行排列，总共有13行，并以西北一东南为其主要走向。在桩柱之

干栏式建筑的最早考古发现出现于河姆渡文化。图为我国西南少数民族地区依然保留下来的干栏式建筑式样。

上，铺盖厚板，形成整个建筑的居住面，厚板长度大约为 80—100 厘米。

在地板面之上，紧接着下面立起的桩柱，又立起了若干梁柱，用以搭置围墙和铺设房顶梁。梁柱和桩柱的衔接采用当时较为先进的手法。他们在梁柱的两端均设置榫头，即在梁柱的末端十几厘米处凿出透卯，或从两个方向均垂直凿卯，并在柱心相通，呈"L"状。梁柱两端的榫头，下端插入地板梁，上端插入梁头，用以固定梁柱与地板的衔接。

梁柱搭成之后，就可在上面搭上梁头，并在梁头之上铺设芦草或树皮。如此，一座干栏式房屋遂告建成。

干栏式建筑在当时的出现，是体现一定的现实意义的。由于地板高于地面，一来可避瘴气和毒虫，二来可防止遭受猛兽的袭击，三来也可降低地板面的过度潮湿，特别是对于居住在降雨量较多的森林地带和湖泊沼泽地带的原始人类。

河姆渡文化牙雕精美

远在新石器时代，原始先民就已经开始使用兽骨、兽牙、兽角等原材料制成器物，与石器、木器、陶器同时使用。

在浙江省考古发现的河姆渡文化遗址中，发掘出一些象牙雕刻制品，虽发现不多，制作也粗犷，但已属于原始的工艺美术品，同时也反映了原始先民的审美力。牙和骨、角一样，都是动物身体中最坚实的部分，用这些材料制成的器具，美观耐用，又容易加工成器，装饰性强，因此很早就被原始先民应用于日常生活中。制作牙器的材料，最先是多种兽牙，随着牙器制作水平的不断提高，应用范围不断扩大，人们逐步选中象牙材料成为牙雕器的主要材料。这是因为象牙在各种兽牙中，质厚色美，光洁如玉，为人们所喜爱。直到几千年后的今天，象牙制品仍然为人们所乐于使用、珍藏。

在我国古代，黄河流域和长江流域都有象繁衍。在《殷墟书契前编》、《帝王世纪》等史料中，都可见有关猎象、以象耕田的记载。随着岁月流逝，由于自然环境和气候条件的变化，这些地区的象群也就慢慢灭绝，于是象牙也就由一般材料变为奢侈品了。

河姆渡出土"双凤朝阳"牙雕

在河姆渡出土的象牙制品中，有一件象牙雕圆形器，高 2.4 厘米，形状类似小盅，平面呈椭圆形，制作精细，中空呈长方形，圆底，口沿处有对称的两个小圆孔，孔壁有清晰可见的罗纹，外壁雕编织纹和蚕纹一圈。还有一件象牙雕鸟首饰物，长 15.8 厘米，形状像匕首，正面微凸，刻有弦纹和三角纹相同的图案。一端作鸟头，喙弯曲，一端作长尾，中间翅膀呈长方形，颈部、翅膀及尾根部饰有弦纹和三角纹。腹部制作粗糙，中左侧有小孔，似为悬挂饰物之用。整个饰物侧视如鹰类猛禽。另有一件象牙雕刻双鸟朝阳，正面有阴文线刻，中心是大小不等的同心圆，外圆旁刻有火焰，两侧双鸟，昂首相望，背面制作则较粗糙，这件饰物用途不明。

在浙江河姆渡新石器时代遗址中发现的这些牙雕制品，反映了原始先民高超的手工技艺，是我国远古时代灿烂文化的一个组成部分。

河姆渡人使用陶制玩具

河姆渡人已使用陶制玩具。在河姆渡出土的文物中，有一陶猪，高 4.5 厘米，长 6.3 厘米，泥塑烧制。从表面上看，它拱着肩，伸着头，形态扁平，鬃毛高耸，显得野气未尽。若有若无的猪眼似乎在往前瞧，鼻子像是在吸动，呆头蠢脑，好像在等人喂食，又带点野猪见人时的警觉。

045

陶猪

　　在出土的文物中，还有一个陶鱼，高 3.2 厘米，长 4.5 厘米。这条陶鱼看起来简单粗糙，一个张着嘴的大头，一段向上翘的身子，尽管缺损鱼尾，但身残神在。它张着嘴巴，圆睁两眼，奋张两鳍，周围没有水，但给人的感觉却似在水面浮动，嘴巴在吸气，双鳍在划动，鱼尾在水下嬉耍，天真有趣。

　　在河姆渡还出土有一个双首陶猪，高 3.7 厘米、长 7.9 厘米。乍看上去，猪形并不是太明显，倒像一只双头兽，浑厚凝重，粗犷淳朴。这个双头兽和传说中的"并封""屏蓬"等很相似。《山海经·海外西经》："并封在巫咸东，其状如彘，前后皆有首，黑。""彘"就是猪。《山海经·大荒西经》："大荒之中……有兽，左右有首，名曰屏蓬。"很显然，后来的神话传说和新石器时代的双首陶兽有着某种源渊关系。还有古书中的伏羲和女娲，都是人面蛇身，他们被认为是人类的祖先，这反映了古人对"人丁兴旺""六畜兴旺"的渴望。

　　这些陶制玩具，其制作手法，看来简单粗糙，其实精炼粗犷；看来含糊笨拙，その実凝重灵巧，这种方式，古人称之为："外师造化，中得心源。"现代人称之为："现实主义和浪漫主义相结合。"

河姆渡文化的陶制玩具，反映了母系氏族公社时期发达的畜牧业和先进的烧陶技术，也反映了我国古代劳动人民高超的艺术创造能力。

龙凤文化开始

龙凤文化是中华民族文化中一种十分古老而奇特的文化现象，它几乎与中华文明同时诞生并经历了漫长的演进历程，到中世纪变成了高度艺术化的龙凤形象，在其演化过程中，不断融入了人类文明不同历史发展阶段社会生活内容和文化涵义，思想意蕴极为丰富，从而成为中华文明乃至华夏民族精神的崇高象征。

龙、凤虽具动物形态，但非现实世界中实

内蒙古翁牛特旗三星他拉出土的距今 5000 多年的玉龙。

际存在的动物。因此，长期以来，无数的学者企图探索其神圣外表所掩盖的实质内容。在众多的解释中，学者们寻根探源，旁征博引，但迄今也没有得出使人完全信服的结论。

关于龙的原型，已有多达 10 余种说法，如图腾说，龙卷风说，雷电说，鳄鱼说，恐龙说等。本世纪 30 年代闻一多先生提出的"图腾合并"说影响很大。近年来，研究者对此提出了一些新的见解。认为在旧石器时代，狩猎是人类

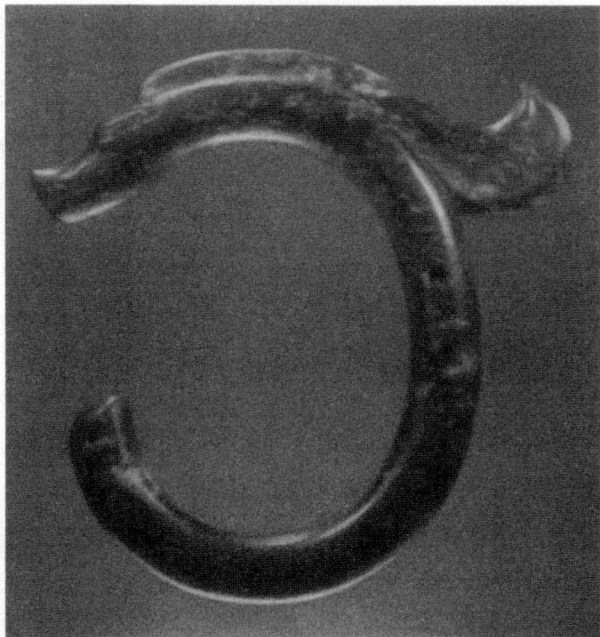

史前

约 3000000 ~ 2000B.C.

赖以生存的最重要经济活动，动物在人们心目中占据着十分重要的地位，一些外表威猛的食肉动物如鳄、虎、蛇、鹰等对先民的生命构成威胁，而一些生态奇特的动物如鸟、鲵、蝉等，使人类感到惊奇，这种畏惧和奇异最终发展到崇敬，与原始宗教和巫发生碰撞以后，形成了先民的动物崇拜，其造型的神秘色彩也不断增强。

以鳄鱼为原型的龙和以鸟为原型的凤就历经了这样的演变历程。首先是发祥于江淮的太昊族长期受到水患的威胁，以当时的能力他们无力抗争，生活于长江中下游的貌似凶猛的扬子鳄成了人们心目中兴风

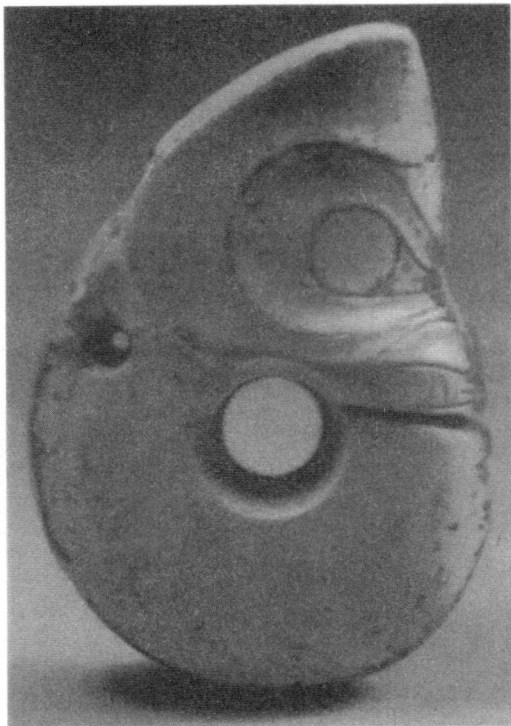

辽宁建平发现的距今 5000 多年的玉龙。

作浪的罪魁祸首，因畏惧而对其加以崇拜，古代文献中被称为蛟龙。直到新中国建立前，在水患严重的地区龙王庙都比比皆是，由于降雨与水旱灾害有直接的关系，因而龙又被幻化为可以升腾飞翔之物。总之，龙文化的形成完整地体现了中国的农业文化特色。

殷墟玉凤。商代凤形饰物，说明"凤"作为一种原始艺术形象在当时已具雏形。

凤起源于青鸟，它之所以成为人类心目中的崇拜者，当与农业生产和生殖有密切的关系，"玄鸟生商"的传说，表明它与商民族的生产活动关系重大。众所周知，燕子是一种候鸟，冬去春归，它的到来标志着春暖花开和一年的生产活动的开始，同时鸟类普遍具有较强的繁衍能力，在那渴求人丁兴旺的时代，生机盎然和生殖力强盛是人们的企盼。它十分自然地演变成了人类的崇拜物。甚至对于龙，有人认为与生殖崇拜也有直接关系。

总之，龙凤文化是以农业文化为特色的中华民族的典型象征。中世纪以后，成为皇权的象征和专用物，又融入了人民渴求和平与统一的愿望。作为民族凝聚力的象征，它伴随着中华民族历经了无数灾难深重的时代和多次亡国灭种的关键时刻。

丝绸产生并迅速发展

丝绸起源于我国原始社会时期。旧石器时代的伏羲氏利用野蚕茧开始化蚕桑为穗帛。新石器时代传说黄帝时期，已经把野蚕驯化家养。浙江新石器时代的钱山漾遗址出土了一些丝、麻纺织品，其中有平纹绸片和用蚕丝编结的丝带以及用蚕丝加拈而成的丝线。仰韶遗址中发现有茧壳和陶质蚕蛹，河姆渡遗址有酷似家蚕的虫纹图案，均表明当时已开始丝绸的生产。

史前的丝绸在取食蚕蛹的过程中被发现，并把蚕茧用水浸泡后抽丝、纺成丝线，最后织成丝绸。大量获得生丝的办法很简单，将野蚕捉来驯化，放养在树上。新石器时代的很多文化遗址，都发掘出用于纺丝线的纺轮，和专杆一起构成当时相当先进的纺专技术工艺。缲丝成为关键的一步，因为数日后，蚕蛹即化蛾，咬破蚕蛋就不能缲丝。

丝绸纺织工业在史前相当缓慢，但是，蚕的驯养，纺专技术的应用，以及原始的织造工艺，都为后期丝绸的迅速发展打下了扎实的基础。

中国开始养蚕

蚕桑业自古以来就是中国农业的重要组成部分，它具有悠久的历史，早在六七千年前，我国祖先就已开始养蚕抽丝了。

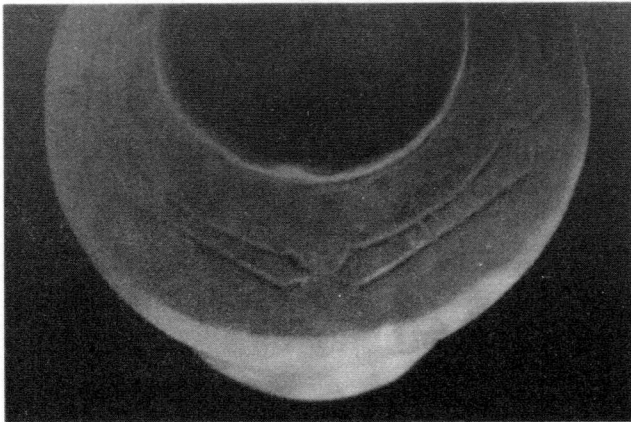

蚕纹陶罐底部蚕纹细部。在陶罐底部绘有清晰的一对蚕形纹，表明距今5000年前，中华民族对蚕已有成熟认识，并将其记录在器皿上。

蚕桑技术发源于中国，辽宁沙锅屯仰韶文化遗址出土的蚕形石饰、山西夏县出土的半叨割蚕茧、芮城西王村仰韶文化遗址出土的陶蚕蛹、浙江余姚河姆渡出土的蚕纹象牙盅都表明早在新石器时代，我们的祖先就利用蚕丝为自己的生活服务了。

我们的祖先对蚕不仅有了充分的认识，并且产生了巫术崇拜。这种对蚕崇拜的巫术观念，到了商代，演变为统治阶层对蚕神的崇拜，也说明蚕桑业在社会生活中扮演日益重要的角色。

新石器时代，还能生产丝织品，拥有较高水平的缫丝和织绢技术。浙江钱山漾出土的4700年前的放在竹管中的丝织品，其精密度已和现在生产的11153电力纺织的精密度相似，并有较好的韧性，说明在当时已能生产较好的丝织品。中国丝绸之邦的地位，实际上从新石器时代就已开始了。

新石器时代最大聚落姜寨遗址形成

姜寨遗址建立于约前 4600— 前 3690 年。姜寨遗址位于陕西临潼县城北姜寨，面积约 55000 平方米。就现已揭露的面积 1658 平方米来看，它是黄河流域保存较为完整的以仰韶文化为主的聚落遗址，也是迄今中国新石器时代聚落遗址中发掘面积最大的一处。

姜寨一期鱼蛙纹彩陶盆

姜寨遗址仰韶文化堆积由下到上依次为半坡类型（一期）、史家类型（二期）、庙底沟类型（三期）和西王村类型（或半坡晚期类型四期）。经放射性碳素断代并经校正，其半坡类型的年代约为前 4600—前 4400 年，史家类型约为前 3690 年。此外，在遗址的最上层，还残存少量的龙山文化遗迹。

姜寨遗址中半坡类型村落布局分为居住区、烧陶窑场和墓地三部分。居住区西南以临河为天

姜寨二期绘画工具

051

中华文明起源

小口尖底瓶。姜寨出土的半坡文化代表性陶器，古人汲水用具。

然屏障，东、南、北三面有人工壕沟环绕，面积约 18000 余平方米。居住区中心有一面积较大的广场，四周地势较高，有 5 组建筑群共 100 余座房子，东、西、南三面各一群，北面两群。每个建筑群以一大型房屋为主体，附近分布着 10 余座或 20 余座中小型房屋，房门均朝向中心广场。房屋附近更分布有储藏物品的地窖群、2 座家畜圈栏和幼儿瓮馆葬群。居住区周围挖有两条宽深各约 2 米的壕沟，在东部留有通路。沟外东北及东南有 3 片墓地，另有零散的窑场。其房屋建筑、房基平面多呈方形或圆形，分大、中、小型 3 种。有地穴、半地穴和地面建筑 3 类。大型房址皆为方形，其中半地穴式及地面建筑各 2 座，面积均为 80 平方米左右，有门道，门内设一大型深穴连通灶坑。中、小型房址一般为 20 平方米左右。有少数居住面用草泥涂抹并经火烧。半地穴式者下部以穴壁为墙，穴壁四周还有若干小柱洞。地面建筑多以木骨涂草泥为墙。

墓葬共发现 600 多座，其中半坡类型墓葬约 400 座。成人土坑墓集中在沟外的墓地，儿童瓮棺葬大部分散或成群分布在房屋附近。史家类型墓葬约 200 余座，除少数瓮棺葬外，大都为土坑葬，并盛行多人二次合葬。半坡晚期类型

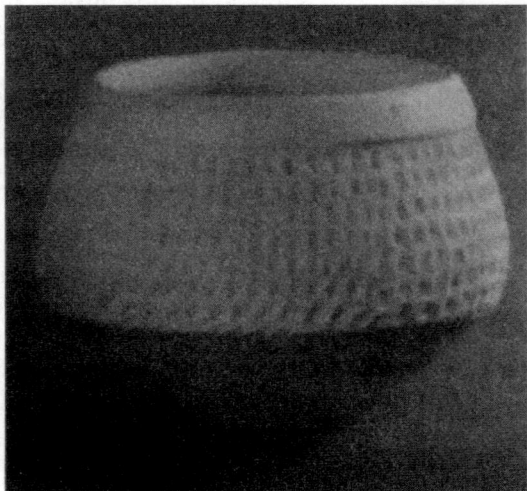

姜寨一期泥质鼓腹罐

052

墓葬极少。

从姜寨遗址的布局可以看出，姜寨是一座由5个氏族聚居的村落，代表了母系氏族社会的社会结构。据民族学研究，聚落内的大、中、小房屋各有其不同功能：小型房屋是成年女性过配偶生活的住房；中型房屋是供一个家庭使用，女性族长与老人及未成年儿童居住在这儿；大型房屋供氏族使用，集会、议事和庆祝活动在这里举行。在这种母系氏族社会中，家庭是一个生活单位，没有独立财产。实行对偶婚制，男女双方没有经济上的联系，属于各自的氏族部落，子女由母亲抚养，只认其母不认其父。一个家族以老母亲为核心，兄弟姐妹共同劳动，产品平均分配，家族中人人平等。几个姐妹家族合起来构成一个氏族。姜寨即是几个有血缘关系的氏族的聚落。

姜寨二期鸟纹葫芦瓶

姜寨遗址中发现许多精美陶器，反映出仰韶文化制陶业的发展水平，陶器上的装饰性图纹也反映了当时人们的生活状况及生产方式。仰韶文化的陶器制作从陶质、造型、装饰到焙烧技术都已相当成熟。彩陶最著名，陶器上的图案生动、明快，富于装饰美，题材多样，动物纹和植物纹占较大比例，这些动物有的是部落崇拜的图腾，有的是原始人渔猎的对象。姜寨遗址出土的彩陶花纹新颖别致，陶盆内壁对称的鱼、蛙和人面纹，笔法古朴简练，为原始艺术的珍品。部分陶器上的刻画符号，为研究中国原始文字的起源提供了线索。史家类型的鱼鸟彩陶葫芦瓶是首次发现的新器物。此外在一座墓穴里出土了一套绘画工具，有石砚、砚盖、磨棒、陶杯及黑色颜料，为中国迄今发现的最早石砚和美工用品。

陕西临潼姜寨遗址

　　姜寨遗址完整地展现了母系氏族社会的社会结构与生活形式。它的发掘为研究关中地区仰韶文化的发展次序提供了保贵的实物依据。

岩画出现

　　岩画是在岩石上雕刻和绘制的图画，其创作时间最早约为旧石器时代，晚期至迟不超过新石器时代早期。中国境内岩画分布很广，比较著名的有阴山岩画、云南边境的沧源岩画、广西的花山岩画、连云港的将军岩画、新疆的呼图壁岩画、青海的刚察岩画以及嘉峪关附近的黑山岩画。

　　中国的岩画按其表现的内容可分为南北两个系统：北方地区的岩画多表现各种动物、人物、狩猎及各种符号，反映原始的游牧生活；南方地区岩画

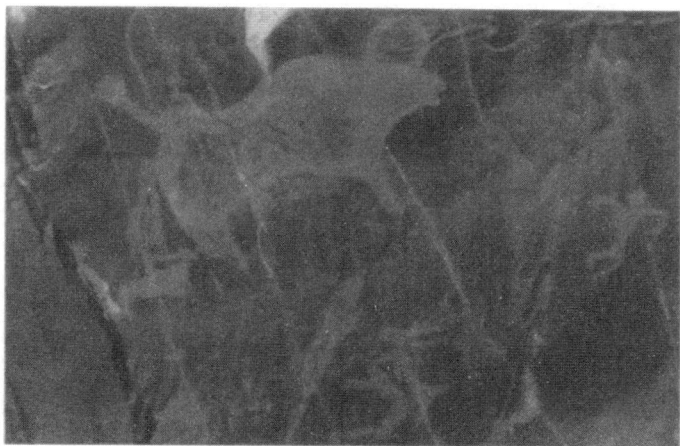
甘肃黑山岩画人物和野牛图。图中的野牛，在今天中国境内已看不见。

除表现各种动物、狩猎场面外，还有采集、房屋或村落、宗教仪式等内容，反映了南方原始农业社会的生活状况。这些岩画从总体上反映了远古时代的社会经济、生活状况和人群组织形式，成为研究原始社会的活化石，也为探索原始人的精神世界提供了实物依据。

狩猎和畜牧业是原始社会的两种主要经济形态，在岩画中多有反映。阴山狩猎岩画凿刻出猎人全神贯注的行猎动作。青海刚察县岩画描绘了一位骑马的猎手正弯弓搭箭追射一头弯角相对、毛茸茸、肥胖胖、翘着尾巴惊恐奔跑的牦牛的狩猎场面，形象栩栩如生。黑山岩画则画了一猎人披虎衣戴虎帽扮成虎形驱赶其他动物的场面。这些反映狩猎生活的岩画中有不少单独表现动物的作品。最值得注意的是阴山岩画中有已在中国灭绝的动物形象的岩画，一幅是角鹿形象，另一幅是鸵鸟。

反映宗教内容的岩画也十分丰富，原始人的生殖崇

新疆阿尔泰山岩画动物和民族文字

055

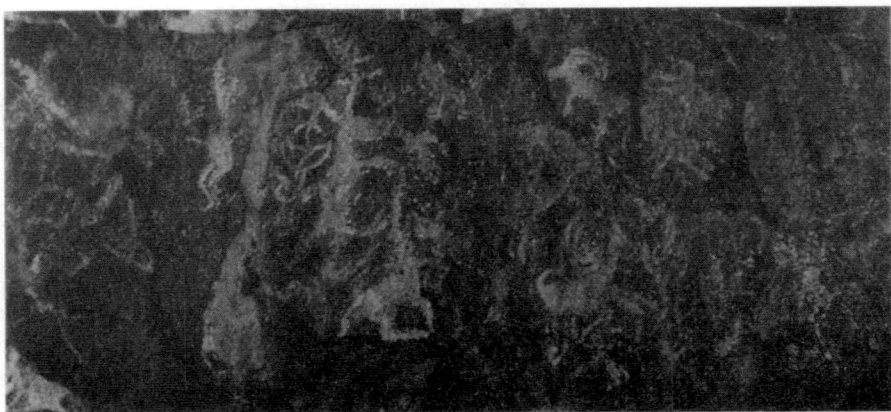

内蒙古阴山岩画围猎图。画中那些引弓搭箭的射手与惊慌奔窜的动物构成一幅生动的围猎图，反映了原始人生活的真实场景。

拜、图腾崇拜、对太阳和各种神祇的崇拜等宗教观念和宗教仪式通过这类岩画表现出来。阴山岩画有一幅雄性对马构成一组单独纹样，表现了对男性的性崇拜，同样的"对马"图在新疆呼图壁康家石门子的岩画中也出现。阴山岩画中的拜日图，描写一个虔诚的人面向太阳将手中崇拜物高高举起。沧源岩画中的太阳人也反映了原始人对太阳的崇拜。而在人头上加动物或植物的岩画，则表现原始人对图腾的崇拜。将军岩的植物人面图形岩画，是谷神崇拜的遗迹。

表现村落、战争、舞蹈的岩画则体现了原始现农业社会的生活状况。沧源岩画反映的村落，排列有序，房

江苏将军崖岩画上的人头像。头饰羽冠，形如鸟，与以鸟为图腾崇拜的少昊族形象十分吻合。

屋为干栏式建筑，突出表现氏族公房和首领住房。沧源岩画中的顶竹杆、叠人、走绳索等画面，反映了当时的娱乐活动已有杂技和舞蹈。广西左江花山岩画，众多的氏族成员在首领或部落酋长的带领下作手舞

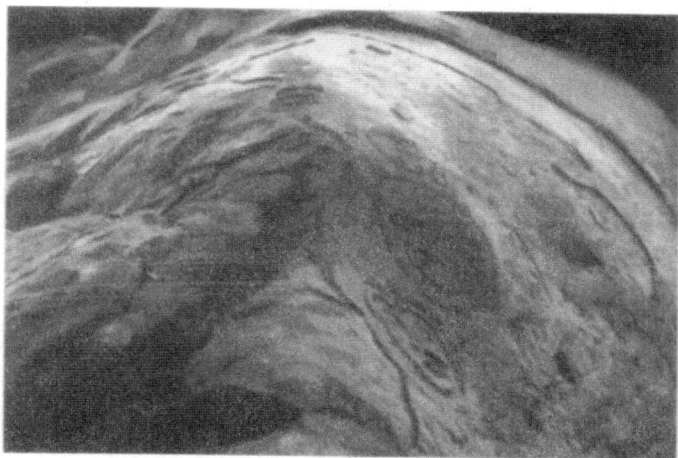

贺兰山岩画人面纹。这些刻在岩石上的人面是原始游牧民族祭拜祖先的遗迹。

足蹈状，为当时部落大典的群舞庆贺形式。沧源岩画中有一幅村落图，把村落布局、房屋建筑等情况放到次要的地位，主要表现一次战争胜利后满载而归、载歌载舞的情况。这种岩画的创作目的，除了记载部落大事外，也给后代以军事、武力教育。

　　岩画达到史前艺术第一次繁荣期的顶峰，包含着人类初期的各种审美意识和观念，为史前艺术向第二次繁荣过渡准备了基础条件。

阿里岩画日、月、阴、阳图。此画将太阳与月亮同男女生殖器官并列在一起，表现出原始的生殖崇拜。

057

纺织技术出现并迅速发展

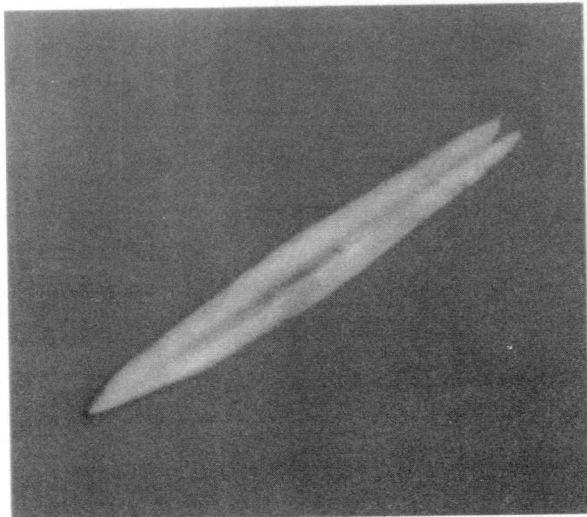

山东大汶口出土的新石器时代的骨梭

纺织历来是人类社会最古老的一个生产部门，所谓"纺织"即将某种纤维性物质通过纺纱工序然后织成布帛。中国的丝织在世界文明史上具有重要意义。而中国的纺织技术则大约出现在旧石器时代晚期，与农业相伴发展，并在人类改造自然的过程中迅速发展，重要成就之一就是原始织机的发明。

在纺织技术的起始阶段，编结与编织技术给了纺织技术许多启示。例如：出土于山西芮城风陵渡匼河遗址的石球，这种石球是用来作飞石索投掷打击野兽的，飞石索多用皮条或植物纤维编成网兜来系住石球；此外还有大量出土的骨针，用来缝制和编结；《易·系辞下》中说："……作结绳而为网罟，以佃以渔。"编织的罗网即称"网罟"。这些实物证明编结技术与纺织技术密切相关，现在全国各省区的出土情况则说明纺织技术的发明地呈多元分布。

随着农业的发展和手工编结技术的提高，纺织技术出现并发展起来。纺，即"谓纺切麻丝之属为绽缕也"；织，即"作布帛之总名也"。纺织技术的出现和发展首先表现在纺织纤维的提取，新石器时代有植物性与动物性两种不同类型的纺织纤维，植物性的有葛、大麻、黄菌麻和纻，动物性的主要有蚕丝。

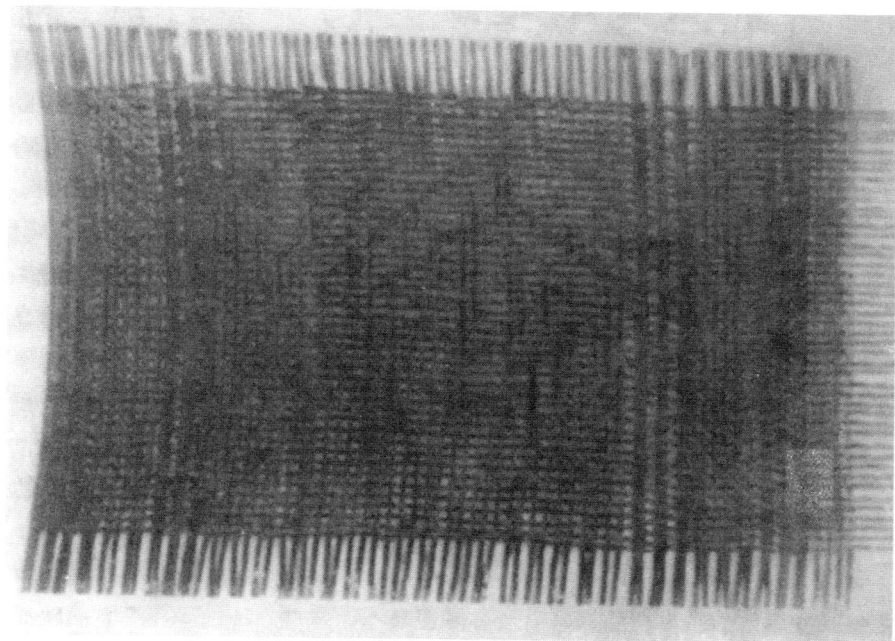

公元前 4000 年的葛纤维织物。江苏吴县草鞋山遗址马家浜文化层出土的织物残片（已碳化）。图为葛纤维织物模型。

开始时原料多采集，后来变成人工栽培或饲养。

对于葛麻纤维主要有两种提取办法：一是用手或手工具直接提取，这样的纤维多呈片状，如：河姆渡的绳子；二是浸沤脱胶即自然脱胶，利用池水中细菌分解胶质，分离出纤维。而对于蚕丝，则如《说文解字》中说的："缫，绎茧为丝也。"即将茧置于热水中，用文火加热并适时加入冷水，这样得到的纤维表面光滑均匀，如浙江吴兴钱山漾良渚文化遗址出土的织物残片。除此以外还有对葛麻纤维的劈绩技术，即劈分与绩接，前者是将脱胶的纤维撕裂至小，后者就是将劈分的细小纤维束合接续在一处。

纺织纤维的提取为纺织技术的出现与发展提供了物质基础，最早的丝织品是 1958 年在浙江吴兴钱山漾下层（第四层）良渚文化遗址出土的织物残片。早期的纺织品还有陕西华县柳子镇遗址出土的麻布片和江苏吴县草鞋山遗址马家浜文化层出土的织物残片（已碳化）。此时的纺纱技术操作全是手工进行，

059

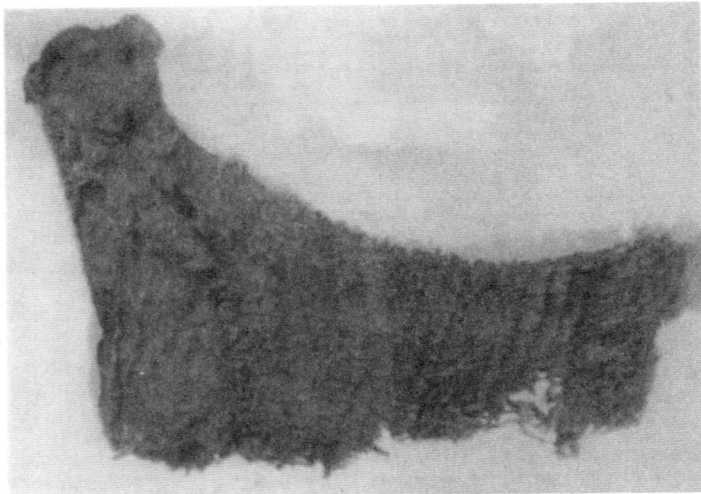
公元前4000年的葛纤维织物残片（已碳化）。

新石器时代唯一的纺纱工具就是纺坠。纺坠的构造十分简单，最初只是一根垂拉纤维的木棍和与之垂直的木杆，具体操作则有吊锭与转锭二法，尽管纺坠的结构非常简单，却具有现代纱锭合股和加捻的基本功能，可纺出多种粗细不同的纱，原因就在于它的组成部分——纺轮的外经大小与重量，外经大纺轮重则成纱粗，反之则细。除纺坠外还有施捻合股合并细线的纺专。

经过提取、绩、纺，纺织纤维成为纱线，于是织造成为可能。开初的织造是一种手工编织，在技法上大约还借鉴过竹器编织术，具体的新石器时代的手工布帛编织术有平铺与吊挂二式，河姆渡出土的骨针、骨梭等就是当时的编织工具。在不断的实践过程中人们逐渐克服手工编织的速度慢、产品粗的缺点，发明了原始织机。根据考古发掘可推断出原始织机发明于新石器时代早中期。从河姆渡、钱山漾、草鞋山的考古发掘看，我国在新石器时代使用原始腰机，它由两根横木、一个杼子、一把打纬刀、一根综杆和一根分经棍组成，综杆可使需要吊起的经纱同时起落，纬纱一次引入，打纬刀则抽紧纬线，可完成开口、引纬、打纬三项主要操作，使原始织机具有机械装置的一些特点。

由于原始织机的使用，织物的产量及质量都有提高，草鞋山、钱山漾出土的织物可看出织机的痕迹，由此证明我国纺织技术出现后，人们通过努力不断发展完善纺织技术，进入了纺织品的文明时代。

新石器时期农牧技术普遍提高

　　原始社会的生产力极其低下，到新石器时代，随着生产工具和生产技术的不断改革、进步，推动着我国原始农业不断向前发展，农业生产的发展又反过来促进了农业生产技术和生产工具的改进，两方面相辅相成，共同提高、进步。

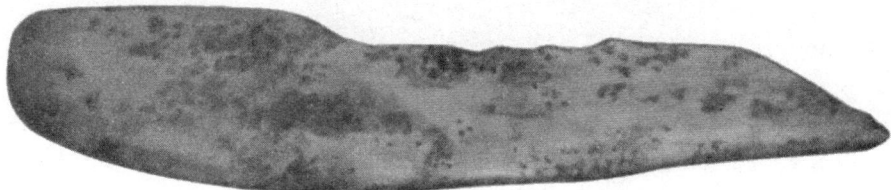

河北磁山出土的新石器时代骨铲。骨铲是用于松土和翻土的农具，形状扁薄而宽，一般为单刃，有石质和骨质两种，分有肩和无肩两类。古时播种，人们用骨铲或石铲掘土点种。

　　旧石器时代尚处于刀耕火种的原始农业阶段，专用农业生产工具极少，没有固定的形制，也没有配备成套。进入新石器时代，原始农业进入锄耕或耜耕阶段，如磁山文化、裴李岗文化等都有从耕翻土地的农具到收获加工粮食的配套工具，磨制的石铲、石斧、石镰和石磨盘都已经大量使用，提高了劳动效率。河姆渡遗址凭精致的骨耜、角器和木器构成了独特的文化特点——耜耕农业，与北方的锄耕农业相区别。

　　到仰韶文化时期，原始农业已经进入比较发达的锄耕阶段，半坡遗址中出土了大量农业生产工具，而且出现木质耒耜上安装上骨、角刃的复合工具。半坡陶制工具数量最多，占工具总量的 63.2%，以便节约有限的石材。石磨盘和石磨棒制作粗劣，粮食加工已经用杵臼，均为木质，逐渐取代了石质碾磨器。

　　龙山文化时期的农业生产工具比仰韶文化进一步提高，农业开始进入相

河姆渡出土的新石器时代的骨耜。耒耜，是新石器时代的农具，是当时主要的松土农具，有石质和骨质两种。在耜的基础上，再装上木柄即称"耒"，成为耒耜。

当发达的锄耕阶段。龙山文化已经开始广泛使用当时先进的翻土工具双齿木耒，石铲更为扁薄宽大，磨制精细，出现可装木柄的有肩石铲和穿孔石铲，显示出前所未有的新面貌。龙山时代的农业生产工具无论从数量、质量、种类诸方面来看，都远远胜过仰韶文化。收获工具的大改进，表明生产工具发达之后农作物产量大大增加的情况。

与此同时，同样处于原始农业的良渚文化在农业生产工具上有大改革，已经开始进入犁耕萌芽的阶段，出现了石犁，安装在木犁床上使用，犁床的上面有长辕，由人力牵引，将间歇性的锄耕或耜耕发展为连续动作的犁耕。结合水田开沟排灌的需要，发明了斜把破土器，形体上呈不规则三角形，长边有刃居下，后部上角有一矩形缺口，用来装柄，成为石耜一类的复合工具。使用方法同钱山漾、梅堰、孙家山等遗址出土的"耘田器"相仿，可用来开沟和在沼泽地的开荒。农具种类的增多和形制的日益多样化表明了河姆渡文化农业生产的不断进步和发展。

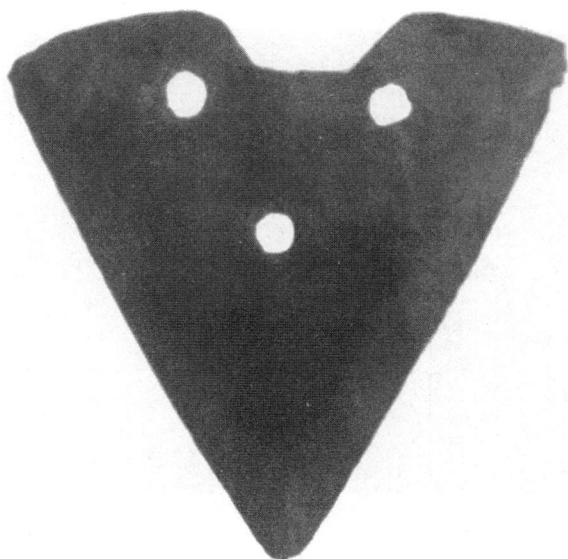

上海松江平原村遗址中出土的新石器时代的三孔石犁。石犁是远古农民耕地的主要农具，它的出现是我国农具一个划时代的进步，距今已有5000多年的历史。

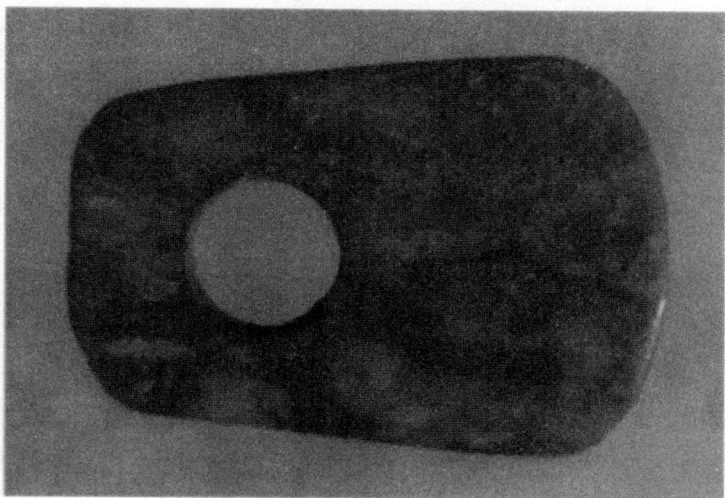

新石器时代的穿孔玉石斧。石斧是古人类刀耕火种阶段的主要农具。当时，人们用石斧把灌木丛树砍倒，用火焚烧以清理场地，然后用尖头木棒刺土下种。石斧除开耕地外，还用于加工木材、营造房屋。

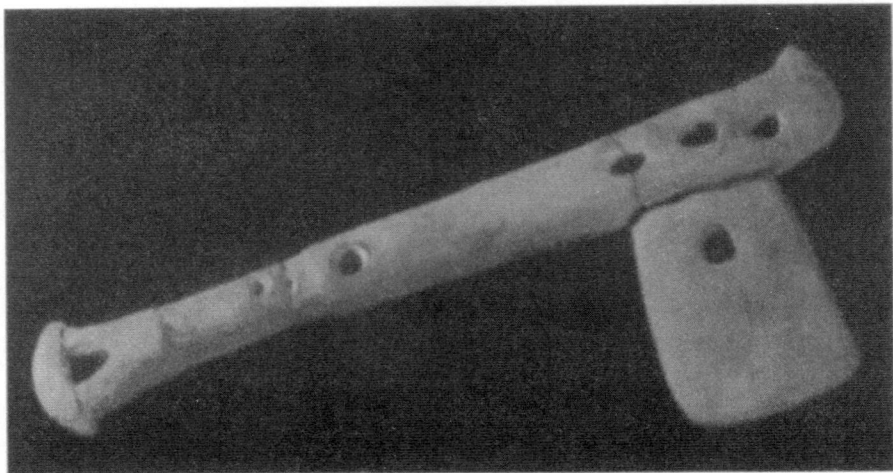

江苏淮安出土的新石器时代带柄穿孔陶斧。

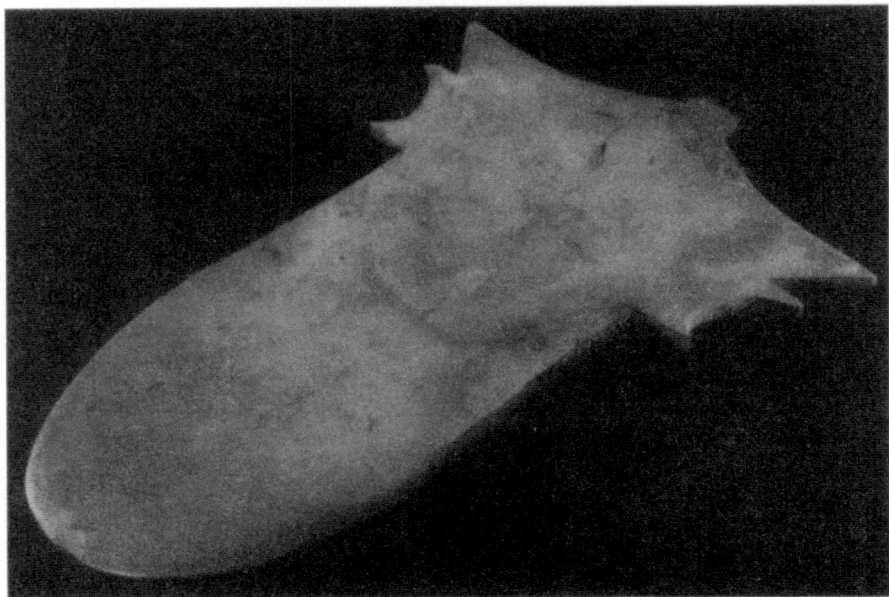

广西隆安出土的新石器时代大石铲。此为原始氏族进行与农业生产有关的祭祀活动时用的器物。

　　纵观原始社会的进化发展过程，生产工具的水平代表着生产力水平，推动着原始农业向前发展，也推动着原始社会不断向文明社会发展。到了新石器时期，农业生产工具不断推陈出新，促使原始人类不断改进农业生产技术，从而使新石器时代的农业生产技术得到了普遍的提高。

　　内蒙古赤蜂出土的新石器时代的石锄。中国原始农业大致可分为刀耕、耨（锄）耕、犁耕三个发展阶段，人们在锄耕阶段懂得了松翻土地后庄稼长得好、收得多的道理。

中国原始农业兴起

河姆渡出土的新石器时代的木柄骨耜

中国是世界上农业产生最早的地区之一。原始农业作为农业的第一个历史形态，开始了人类积极改造自然界的历史，其特点是生产工具以石质和木质为主，实行刀耕火种和撂荒耕作制，种植业、畜牧业和采集渔猎并存。中国原始农业早在距今八九千年以前就在某些地区发生，中原地区在距今四千年左右结束，基本上和考古学上的新石器时代相始终。

中国是主要的农作物发源地，水稻、黍、粟等许多农作物都是中国首先栽培的。在大多数地区，原始农业以种植业为主，南方大多种植水稻，北方大多种植粟黍。黄河流域是中国农业文化的摇篮，距今七八千年的河南裴李岗文化和河北磁山文化遗址中出土的种类较为齐全的农具和鸡等动物骨骸，表明了中国是世界上最早饲养家鸡的国家，先民们已进入了锄耕农业时期。距今七千年到五千年的仰韶文化时期的农业遗址出土的大量生产工具和生活用具以及几万乃至几十万平方米大小不等的村落，说明先民们已进入了定居农业时期。年代相近或稍晚的北辛文化、大汶口文化和龙山文化遗址出土的石斧、石凿和磨制石器等生产工具和彩陶、钵、杯等生活用具，表明黄河下游有了较为发达的定居农业文化。马家窑文化、齐家文

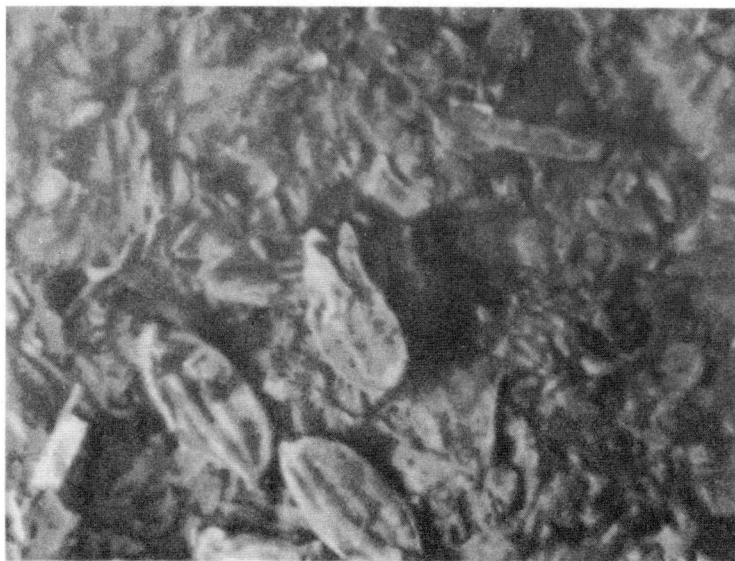

河姆渡出土的新石器时代的稻粒

木耜

化和火烧沟文化则表明黄河上游以种植业为主，畜牧业比较发达并逐渐成为该地区的主要产业。长城以北和甘肃、青海等地遗址说明了各自不同的经济类型，一部分形成了以种植业为主、农牧采猎相结合的格局，一部分是以渔猎经济为主，还有一部分是以游牧经济为主。长江流域高温多雨多湖泊，也是中国农业文化的发源地，以水田农业为主。距今六七千年的浙江余姚河姆渡遗址发现了世界上现存最古的稻谷以及大量骨耜等生产工具，表明了长江下游已进入了耜耕农业时期。距今约四五千年的马家浜文化、良渚文化出土的较多的新的农业工具，说明了水田耕作技术有了很大的提高。浙江吴兴钱山漾遗址出土的绢片和丝线证明了中国是蚕丝的故乡。大溪文化和屈家岭文化则表明长江中游的稻作农业比较发达。距今九千年以上的广西桂林甑皮岩遗址出土的磨光石斧等农业工具和现存国内外最早的家猪遗骨，表明了南方地区有了较为发达的农业文化。此外，西南地区也在三四千年前开始有了原始农业。

中国漆器发端

考古界发现的最早的漆器，是距今七千年前的河姆渡文化时期的朱漆木碗和缠藤篾朱漆木筒，证明当时人们已懂得使用调朱的漆料对器皿进行髹饰。从事物发展规律来看，从使用本色的天然漆到学会使用调色漆，中间必定还要经过一个相当长的过程，因此，漆器的发明年代应该还可往上推溯，我们有理由自豪地宣称，漆器是中华民族的发明创造。

漆器有抗腐、耐酸、经久不变的性能，我们的祖先很早就学会采割天然漆树的汁液，用来作日用品的粘合剂、增固剂，并进而加工炼制，掺调色料，使之由单调变得绚丽多彩，不仅用来髹饰日用品，使器皿流光溢彩，还用此做成形态各异、用途广泛、花色繁多的工艺品和美术品，这是中国的又一项对人类有重大贡献、可夸耀于世界的杰出成就。

我国古代文献记载的使用漆器时间也很早，《韩非子·十过篇》就讲到虞舜、夏禹时代已有单色的和朱黑两色的漆器。在出土实物里，距今四五千年的良渚文化，人们找到了棕地红黄两色彩绘的黑陶壶；比这还早近千年的马家浜

朱漆木碗。河姆渡遗址出土。木质，壁外涂有一层薄薄的米红色涂料，微见光泽。经化验分析，此涂料为天然漆。

文化，则发现了上端涂黑、下端涂暗红的两色喇叭形器；辽宁出土了三千多年前的薄胎朱色漆器，色泽仍然鲜明；山西发现了四千年前的彩绘木器……这些发现不仅有助于了解漆器的发展年代和水平，而且也知道古漆器在我国分布甚为广泛，不限于某一地某一文化才有。

　　值得一提的是在良渚文化发现的嵌玉高柄朱漆杯，尽管出土时杯的胎体已松坏，但漆膜仍保持原状，有光泽感。在杯的圈足处，镶嵌有一面弧凸，一面平整的椭圆玉珠两圈，朱漆与白玉交相辉映，形成独特的艺术效果，表明了良渚文化的漆器已和玉雕相结合，超过实用品而成为艺术品；也表明新石器时代，髹漆工艺已经发展到彩绘、镶嵌等较高的水平。

约 4600—3000B.C.

史前

约 4600B.C.

后岗遗址（约前4400—前4200年）。大司空遗址（约前4400—前4200年）。庙底沟遗址（约前4000年）。大河村遗址（约前3790—前3070年）。王湾遗址（约前3390—前2390年）。西王村遗址（约前3700年）。

约 4750—3700B.C.

马家浜文化。主要分布于太湖和杭州湾地区。崧泽遗址（1958年在上海市青浦县崧泽发现）。草鞋山遗址（1972—1973年在江苏吴县草鞋山发现），出土我国目前发现最早的织物。

约 4300—2300B.C.

大汶口文化。分布于山东、苏北、皖北、豫东和辽东半岛一带。

约前 4170—3710B.C.

西樵山遗址（1955—1957年广东南海县西樵山发现）。

约 3800—2000B.C

马家窑文化。分成石岭下、马家窑、半山、马厂等类型。马家窑类型（约前3300—2900年）。半山类型（约前2650—2350年）。

约 3500B.C.

红山文化（1935年首次出现于辽宁西部赤峰红山）。
1983年后出土陶质裸体女性小塑像、女神彩塑头像、两件无头裸体孕妇陶像、泥塑裸体女性像残块。

约 3350—2200B.C.

良渚文化。分布于太湖周围，有珠、管、玦、璜、瑗、镯、璧、琮、蝉等玉器出土，数量之多和工艺之精，为同时代其他文化所未见。

约 3000—2600B.C.

屈家岭文化。

3500B.C.

苏美尔各城邦、苏美尔图形文字、铜的治金术已出现。
上埃及王国及下埃及王国约形成于此时期。大约于此时初有文字。

3200B.C.

腓尼基形成于此时。上埃及第一王朝之开始（前3200—前2930年）。

中国开始使用金属进入铜石并用时代

新石器时代的石器

我国史前人类已经开始使用金属。仰韶文化时期就已发明的冶炼技术使我国史前人类在新石器晚期就已步入了铜石并用的时代，为商周时代璀璨辉煌的青铜文明准备了技术条件。

人类利用金属，最早是铜的利用，首先是直接利用自然铜，然后利用单金属矿冶炼红铜，或利用多金属共生矿冶炼出青铜、黄铜、白铜。由于我国从一开始就出现了人工冶炼的黄铜和青铜，没有经过漫长而相对独立的自然铜阶段，因此，我国金属铜的早期冶炼和成型方法是和铜器的利用成正比的。

我国目前所知最早的姜寨铜片是黄铜，1973 年在姜寨 29 号房址的居住面上出土了一个半圆形铜片，经碳十四测定，并经树轮较正，该房碳化木橡年代约为前 4675 年，为我国迄今所见最早的金属块。最早的可辨器形的甘肃林家铜刀则为青铜制品，均属于仰韶文化时代。到了龙山文化时代，最早的容器是河南王城岗容器残片及山东牟平的铜锥，都为青铜制品；山东三里河铜锥和山东长山店子的铜片为黄铜；部分铜刀则多为青铜；唐山大城山两件斧形铜片为红铜。到

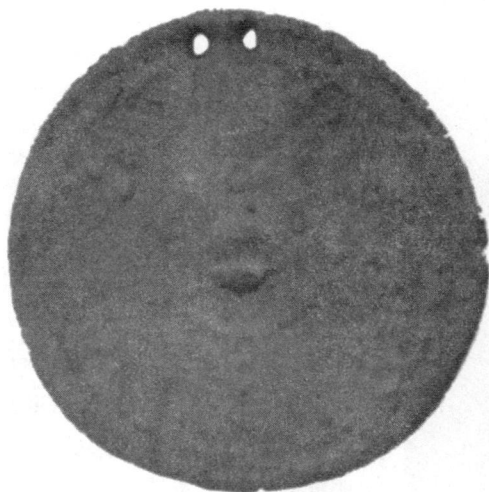

目前发现的中国最早的铜镜，距今4000年左右。

齐家文化，红铜器具、器械却又多了起来，呈现出利用自然铜和冶炼铜同步发展的情况。

我国新石器时代的金属铜成形技术已有了铸造和锻造两种方法，并不分是红铜还是黄铜等铜合金。小件器物如锥、指环等饰物，一般用锻制，如皇娘娘台遗址中的12件铜锥及铜凿一件，都有锻打的痕迹。大件器物如斧、锄等，多为铸造——制一个陶范或其他模进行浇铸。铸铜或锻铜工具的使用，大大促进了社会生产力的提高。

因为早期铜器筑造的技术比较粗糙，操作相对简单，范多数为单面的或者是两合范，做范的质料有石质、陶质等。

从我国新石器文化遗址出土的原始铜器来看，至迟到龙山文化时期，我国史前人类已经开始使用铜器。史前人类使用金属，也是我国将进入青铜时代的前奏。金属工具逐渐普及，石器工具缓缓退出历史舞台，使人类最终告别石器时代，将文明引入更高的层次。

新石器时代广泛使用纺专

纺专是由陶片或石片做成的扁圆形回转体和回转体中间的专杆组成。转动的回转体以其惯性来给纤维做成的长条加上拈回；专杆则用来卷绕拈制的纱线。旧石器时代出土的文物中已有纺轮，到新石器时代，用纺专纺纱已经相当普及。

最原始的织不用工具，徒手操作，经纬相交的织物的长宽度十分有限，效率也很低，因此，最原始的纺也仅用手搓合，将植物的茎外皮和野蚕丝搓合拈回，成为最原始的纱线。纺专技术出现后，效率还相当低。因为用纺专

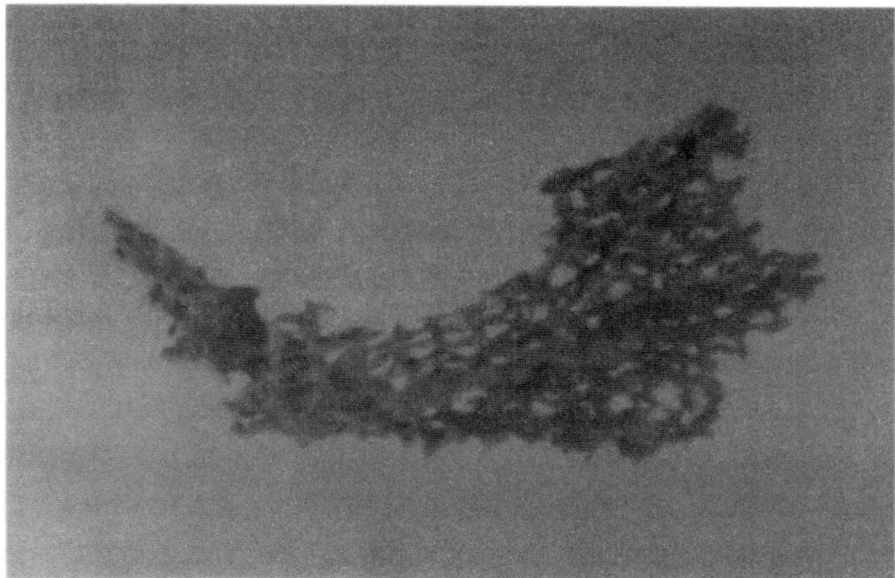

河南郑州出土的前 3500 年的浅绛色罗

加拈必须间歇进行：先加拈一段纱，停下来将纱绕到专杆上去；再拈一段，再绕上去，如此循环反复而已。但是，用纺专纺纱，不但使纺出的纱线均匀结实，而且比手工效率要高一些。

　　浙江余姚河姆渡新石器时代遗址中出土了纺专和织机零件，为后世发明纺车提供了依据。说明我国纺织科学技术起源较早，工艺发达。考古工作者在古代遗址考古发掘中，又为我国史前发达的纺织业提供了更可靠的实物史料。

　　史前织造技术是从制作渔猎用编结品网罟和装垫用编制品筐席演变而来的。河姆渡、半坡文化都有编织物印痕出土，制作已相当精细。在河姆渡文化时期，用纺专来纺纱已经很普及了，还使用了木刀、分后桩、卷布棍等古式织机。用纺专纺出的古代织物，品种丰富多彩，有丝织品、麻织品等。其中丝织品已有锦、绢、纱、缎等类型，有双经双纬、回纹、平纹、菱形花纹、多层纹、对龙对凤纹等多种纹式，异彩纷呈。

　　新石器时代的青海柳湾遗址还出土有朱砂，山西西荫村出土有研磨颜料的石臼、石杵，陕西姜寨遗址出土有彩绘工具，说明史前人类还从视觉效果上追求织物的美感，已对纺织品进行染色，绘有红、绿、黄等颜色，与纹样交相辉映。最普遍的染色是用朱砂染涂成红色，象征着史前人类对生命的渴望，对征服自然的追求。

中国素以丝绸之国著称，丝绸之路几千年如一日地传递中西文明互动的信息。中国丝绸的地位，在史前时代就已奠定了。朝鲜、日本、波斯、印度、埃及等世界各地，都先后引进先进的中国式的手工织机、亚麻纺车、棉纺车，中国丝织业一直领先于西方几百年甚至上千年，所以也一直引导着世界丝织业朝着更加多姿多彩的新境界发展，把人类生活装点得更加美好绚丽。

新石器时代渔猎技术提高

新石器时代，随着原始农业的产生，起源于旧石器时代的渔猎业不但没有消失，反而得到了更进一步的提高，成为整个社会经济中不可或缺的组成部分，其进步主要体现在渔猎工具和渔猎技术两方面。

狩猎工具包括弓箭和矛，弓箭产生于旧石器时代，其箭头（即镞）在开始时只有为数极少的几种，到新石器时代已发展到圆底镞、尖底镞等十多种型式，质料也包括石、骨等。矛在当时也发展到六种。捕鱼工具包括鱼镖、鱼叉、鱼钩等，其中鱼镖由镖头、镖杆、绳索组成，分固定式和可离式两种；

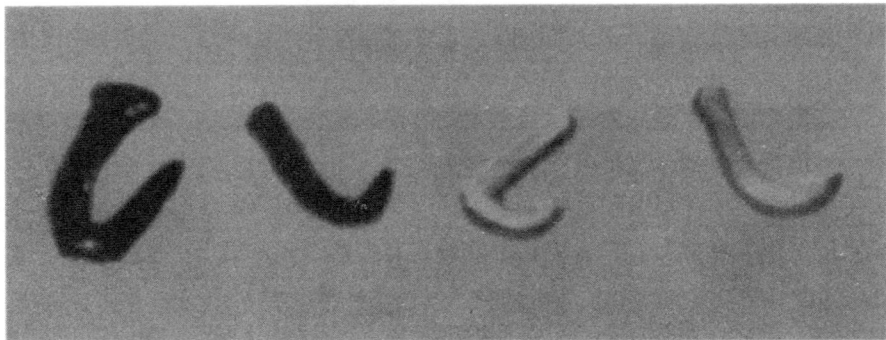

新石器时代的蚌鱼钩

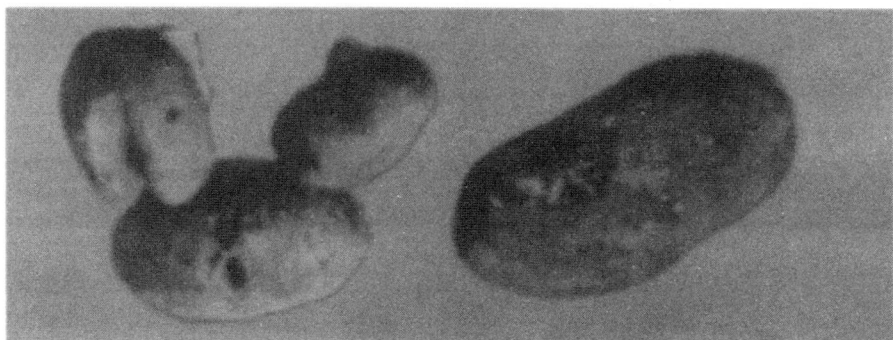

新石器时代的石网坠和陶网坠

鱼叉由鱼叉头、标杆和绳子组成；鱼钩由骨、牙磨制而成，分无倒刺式和有倒刺式两种。

旧石器时代，捕鱼方法比较原始，仅限于徒手、石掷、木棒打、鱼叉叉等几种方法。到新石器时代，由于鱼镖的出现，逐渐出现了较为先进的捕鱼技术。如西安半坡出土的可动式鱼镖，镖头装有倒刺，镖尾有孔，供以穿绳索之用。刺鱼时，鱼镖尾部插入镖杆前端刺中鱼后，由于水的阻力和鱼的挣扎，镖头和镖杆分离，人们就可把鱼拖上岸。除鱼镖外，人们还使用钓鱼、网捕、笱捕等技术。

狩猎技术在新石器时代的发展，主要体现于弓箭、矛及一些新式工具的广泛应用。河姆渡遗址中曾发掘出骨镞 330 多件，半坡也出土了箭镞 288 件，其中骨制的就有 282 件。在广泛应用弓箭的基础上，又发明了弩弓和弋射。弩弓就是通过扣动戴在右手大姆指上的扳指来发射弹丸或石球，以射杀猎物，相对于弓箭而言，弩弓射程远，杀伤力大，并且易于瞄准和掌握方向，命中率高。弋射则是弓箭在另一方面的发展，形状与弓箭相似，且在箭的尾部系有长线，便于射中猎物后牵动长线，将猎物拖回。这都是旧石器时代的弓箭所无法相比的。

渔猎技术在新石器的发展和提高，为人们在以后的时期内开始大量地捕获猎物和鱼类，并进行人工饲养和繁殖创造了物质条件。

大汶口文化兴起

山东泰安大汶口出土彩陶背壶

大汶口文化是黄河下游地区的新石器时代文化，因1959年发掘的山东省泰安县大汶口遗址而得名。主要分布在山东省泰山周围地区，延及山东中南部和江苏淮北一带。年代约始自前4300年，到前2500年发展成山东龙山文化。大汶口文化分为三个发展阶段。早期约在前4300—前3500年之间，以刘林、王因遗址为代表。中期约在前3500—前2800年之间，以大汶口墓地早、中期墓为代表。晚期约在前2800—2500年之间，以大汶口晚期墓为代表。

大汶口文化以农业经济为主，种植适合黄河流域的耐旱作物粟。农业生产工具有石铲、鹿角锄等，木质农具如耒、耜等已经出现。三里河遗址中发现了贮藏的窖穴，表明当时已有较多的剩余粮食。

大汶口文化的饲养业比较发达，饲养猪、狗、牛、羊、鸡等动物。渔猎经济占有一定的比重，骨镞、角质鱼镖、网坠等遗物表明当时居民还进行狩猎和捕鱼。当时还出现了一种大汶口文化的特有的獐牙刃勾状器，鹿角为柄，可用来铺鱼和切割，为多用途复合工具。

大汶口文化的陶器制作工艺在不断发展。早期以红陶为主，形状简单，还有火候不足造成的一器多色的现象。中期盛行灰陶，陶制品的种类明显增加。晚期则以黑皮陶为主，陶胎为棕红色，少量为纯黑陶。轮制技术的广泛使用使陶器制作获得长足的进展。晚期出现了快轮制陶工艺，发现了新的制陶原料，产生了一种质地坚硬、胎薄而均匀、色泽明快的白色、黄色、粉红色陶器，统称为"白陶"。大汶口文化制陶工艺最高水平的代表为薄胎高柄杯，造型优美，色泽鲜亮，集实用性和观赏性

山东曲阜西夏侯出土陶鬶

为一体，成为龙山时代蛋壳黑陶的祖先。

制石、制玉、制骨等手工业在大汶口文化中已经比较发达。石质工具多为磨制，并穿孔，出现了管穿法和凿穿法两种穿孔方法。玉质饰品有璜、玦、管等，大敦子遗址中出土了软玉制成的环刃小刀和硬度很高的碧玉铲。

大汶口文化的房屋有圆形半地穴式，屋顶为木质的原始梁架结构，屋顶呈圆锥形。还有方形平地起建式，墙基挖沟槽，沟内填黄土立木柱砌建而成。当时的房屋大多结构简单，面积不大。

大汶口文化的墓葬形成墓群，各墓间排列整齐，头的朝向基本一致。墓葬的集中和疏散排列，反映出氏族成员之间的亲疏关系。形制多为长方形土坑竖穴墓。中晚期后盛行木结构的葬具，有长方形木柜，"井"字形木椁和长方形木框上再套一框。男女合葬墓的比重越到后期越大，可能是在父权制度确立后的夫妻合葬或妻妾殉葬的情况；还有一种厚葬墓专门为保护氏族利

江苏邳县大墩子出土八角星形纹彩陶盆

江苏邳县大墩子出土
彩陶器座

益而死的人使用。随葬品的多寡越到后期越是悬殊，而且男人多为生产工具，女人则多为纺轮，说明男女的分工已经明确，女性从事家务劳动，男子从事农业生产。随葬猪下颚骨成为当时的风尚，猪颚骨的多少成为衡量财富占有量的标尺。随葬的獐牙勾形器则为权力和地位的象征。这表明，大汶口文化晚期已经出现了严重的贫富分化，原始氏族社会已经逐渐走向解体。

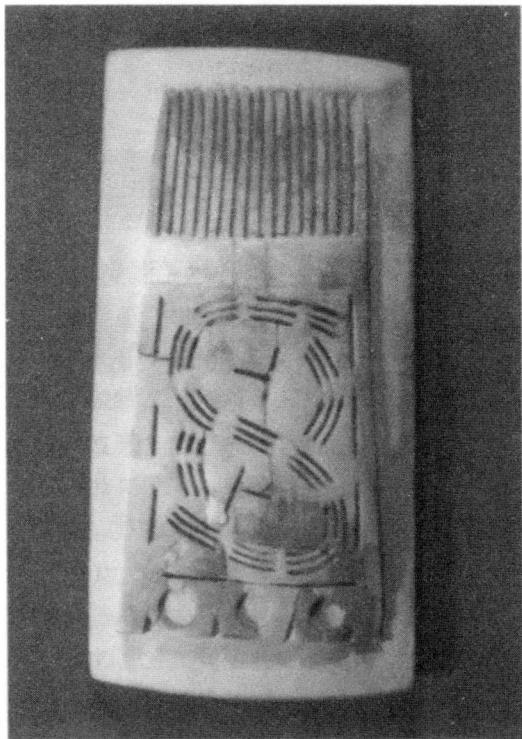

山东泰安大汶口出土镂孔象牙梳

山东胶县三里河出土敞口黑陶盆

079

大汶口文化使用陶文

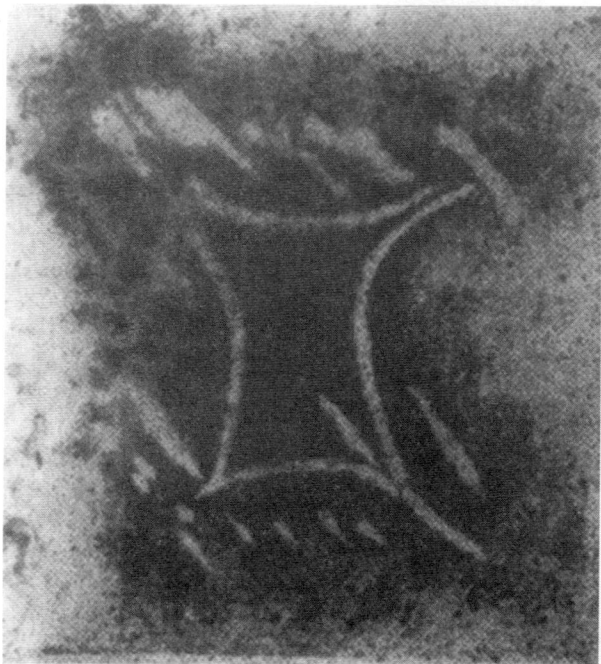

大汶口陶文

大汶口文化分布在山东省、江苏北部、河南东部一带，显示了新石器时代当地原始人类的社会经济文化生活状况。大汶口文化的居民在前人刻木、结绳记事的基础上，开始使用一种刻在陶器上的最初的文字。大汶口文化中使用的陶文，时间上早于殷商时期的甲骨文；从笔划形体上看来，甲骨文又继承了陶文的某些造字方法，因而，陶文成为迄今为止我国发现的最早的文字。

　　到目前为止，在大汶口文化遗址中共发现了九种文字符号，其中有六种已可解释、译读。宁阳堡头出土的一件陶背壶上有一个用朱红颜料书写的笔画复杂的文字，释读为"朱"字，意即花朵的象形文。莒县陵阳河遗址出土了四个灰陶尊，尊口沿下面相同的部位上分别刻有形状各异的文字符号。这四个字，有两个为象形字，一个像柄的大斧，释为"钺"字；一个像短柄的锛或锄类，释为"斤"字。另外两个类似会意字，有人认为是同一个字的省体和繁体的两种写法。一个字为小舟或山上顶着太阳，释为"旦"或"昆"；一个字为在上

"昃"字陶文，此字刻于陶尊口沿下部。

字的下面再加了一座五峰的山，释为"昃"或"嚣"字。从陵阳河向东二百华里的诸城前寨上发现了一块陶器残片，上面刻画后并涂朱红颜色的文字与陵阳河陶文中的"嚣"或"嚣"字的结构完全相同。由此可见，这些笔画工整、繁复多样的陶文，在当时已经具有相对规则的结构并趋于固定化，而且相同的字反复出现于不同地点，写法则像出于一人之手，可能是文字使用比较普遍的缘故。

莒县大汶口文化遗址中又出土了一些新的陶文资料，共出现了四种新符号。有一种好像在一方形土块上树立植物之形，释为从木从土的"封"字。有三种符号目前尚不能解释：一种由四个弧形向心的笔画组成，呈四角尖锐的长方形，这种字在甲骨文、金文中经常出现，作人名或氏族铭文；一种像长颈有肩的容器，里面填塞小圆圈，涂上朱红颜色，带着某种神秘的气息；最后一种形状相当复杂，上部中央为一高颈有肩的容器，容器放在两旁有草叶模样的双层托盘中，下部为一个盆状的容器。

大汶口文化中的陶文，都是由象形的图画或两三个图画组合而成。既有简单的象形文字，又有比较复杂的会意文字，某些字又多次出现

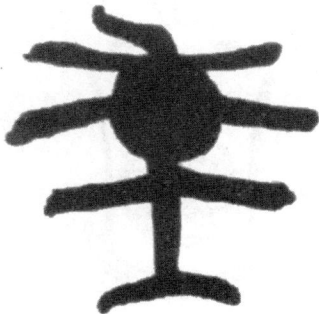

大汶口陶文

081

中华文明起源

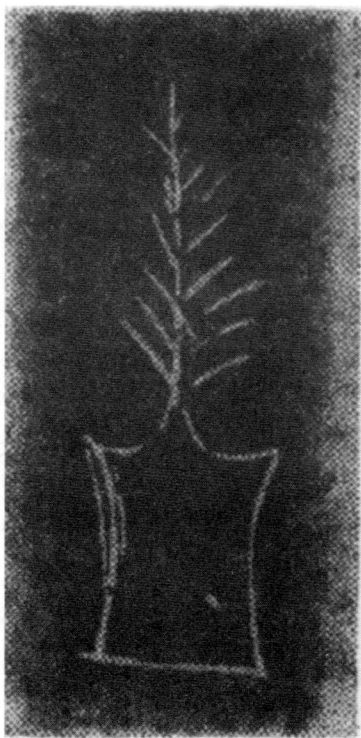

"封"字陶文

大汶口陶文

大汶口陶文

"叚"字形刻纹

大汶口陶文

在不同的地方，成为当时用以交流的符号。从陶文与甲骨文的关系上看，陶文的产生和使用，为甲骨文、金文的产生提供了条件。

红山文化出现于北方

内蒙古翁牛特旗出土石刃骨柄刀

红山文化是中国北方新石器时代文化的重要代表，因1935年在内蒙古自治区赤峰市红山发掘而得名，分布于辽宁、内蒙古和河北的交界地带，除具弧形篦纹陶和细石器等遗址外，还有彩陶共存，农业经济的色彩也更加显著，它与以彩陶文化著称的仰韶文化联系较为密切。经过发掘的遗址还有赤峰蜘蛛山、西水泉、教汉旗三道湾子、四棱山、巴林左旗南杨家营子等。相对年代大致与仰韶文化相当。放射性碳素断代测定为约公元前3500年。

红山文化的遗物有石器、陶器和精美的玉器。石器以磨制为主，而以掘土工具最具特色，有烟叶形和鞋底形两种，形体较大。收割工具有通体磨光的桂叶形石刀，背部有穿孔，加工工具有石磨盘、石磨棒，此外还有打制的砍砸石器和石镞、石核，加工都很精细。陶器有夹砂和泥质两种，均手制，夹砂陶多为褐色，作为餐厨和容器，器表留有炊烟痕迹，主要器形以大口深腹罐和斜口罐为代表，器底有编织物的印痕。泥质陶器多为红色，有钵、盆、罐、瓮、碗等，主要饰纹是黑色或紫色的彩绘,彩绘内容以平行线纹、三角形纹和鱼鳞形纹为主,这种具有丰富彩绘陶器的遗址在北方地区是仅见的。最能体现红山文化手工艺水平的则是制玉工艺,其玉器制品分三类:一类是写实的动物群,有鸟、蝉、鱼、鸮等;一类为人的装饰品:有长方勾云形佩饰、三连环佩饰;还有一类是虚构的玉龙、玉虎、玉兽等形象。这些反映了其制玉工艺水平的高超。

红山文化的房屋建筑多为方形半地穴式,已发现的有在喀左东山嘴的石砌建筑群和牛梁河的"女神庙"建筑遗迹。东山嘴石砌建筑的中心是一座大型房基,东西长 11.8 米,南北宽 9.5 米,房基周围是石

内蒙古赤峰出土红山文化彩陶罐

墙基,成对称状,房基前面有石圈形台址和多圆形石砌基址。"女神庙"的主体建筑既有主室,又有侧室,以中轴线左右对称,另配附属建筑,形成多单元对称,以主室为中心的殿堂雏形,对研究我国五千年前早期寺庙的起源与形式提供了珍贵资料。

红山文化的墓葬共发现 15 座,其中三官甸子遗址中 5 座,牛梁河遗址中 3 座。三官甸子墓地以土坑石棺墓为主,大墓在墓地中心,附葬大量的玉雕饰品,小墓短、窄,且无随葬品。墓地中常有附属建筑和出土祭祀明器。牛梁河遗址墓内堆满石板,墓外随葬彩陶筒形器,中心主墓墓室建造规整,单人墓随葬品多而精美,次墓简陋,随葬品或少或无,表示墓主人间身份地位等级的悬殊差别。

内蒙古赤峰出土红山文化谷物加工工具：石皿、磨石。

内蒙古敖汉旗出土彩绘陶鬲

内蒙古翁牛特旗出土彩绘鸟形陶壶

位于辽宁喀左东山嘴遗址的红山文化祭坛

从红山文化的遗址内发现的大量石刀、石磨、磨棒等收割和加工工具，表明红山文化居民过着定居的以原始农业为主的生活。同时存在的一些猪、牛、羊的骨骼和石镞、鹿、獐等动物的骸骨说明当时的畜牧业和渔猎技术也达到一定水准。这一切为探索中华文明的起源提供了令人信服的重要线索。

红山文化雕塑细致

在内蒙古赤峰西水泉、辽宁喀左东山嘴、辽宁建平与凌源二县交界处的牛河梁均发现属于新石器时代红山文化的雕塑作品，这些雕塑作品，塑工细腻，栩栩如生，在中国原始社会雕塑史上占有重要的地位。

赤峰西水泉红山文化遗址出土一件小型陶塑妇女像，头部已残缺，剩余

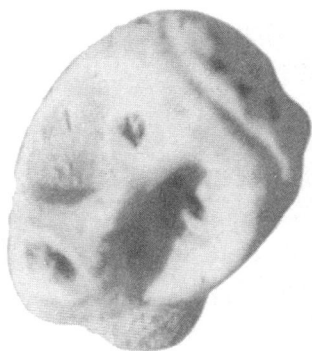

陶人头。在红山文化遗址中曾发现许多陶制人体残片，人体有大有小，排列在祭坛旁。

牛河梁泥塑人像残块

牛河梁积石冢女神庙遗址

087

中华文明起源

红山文化出土泥塑孕妇像

部分高 3.8 厘米，是捏塑而成的泥质褐陶，胸前突起乳房，腰部纤细，下半身呈喇叭座状。

额左东山嘴一处红山文化祭祀遗址中出土一些陶塑女裸像，是距今约 5400 年前的遗物，分小型和大型两种，小型为立像，残高 5—5.8 厘米，皆为陶质，残体腹部隆起，臀部肥大，左手贴于上腹，是个典型的孕妇形象。大型为坐像，高度约为真人的一半，躯体均具孕妇特征，头部残缺。它们可能是当时人们所崇拜的"生育神"。

牛河梁红山文化遗址也为祭祀遗址，出土一件泥塑女神头像，面涂红彩，头高 22.5 厘米，面宽 16.5 厘米，形体与真人相当。整个头像生动，额上塑一圈突起的圆箍状饰，眼睛用淡青色圆饼状玉片制成，整个面部表现出扬眉注目，动嘴唇的说话形状，颇具动人的神秘色彩。

这些陶质妇女裸体塑像，是母系社会的象征物，它们的造型强调女性特征具有女性或生殖崇拜的意义，母系社会女神崇拜这一精神产物，到父系社会渐渐消失。尽管原始女神不复存在，但这种审美影响与原始人类的宗教波及后世雕像与宗教。

辽宁喀左东山嘴红山文化遗址出土的泥塑人像残块

红山文化雕塑集中反映了红山文化人们的精神及物质世界，丰富了红山文化的涵蕴，在雕像强烈的艺术表现力震撼下，人们了解到北方的红山文化与中原、南方古文化一道组成了史前文化群。

牛河梁出土的泥塑女神头像，双眼嵌玉，炯炯有神，嘴角翘动欲语，表情十分生动。此头像距今约5500年，是中国迄今发现最早的神像。

红山文化出土陶塑孕妇像

089

大河村人观测天象

　　华夏文明在史前时期已经有了较为丰富的天文学知识，包括天文、历法、方向测定等。原始人在长期的农牧渔业生产中观察物候、天象，形成了最初的天文、历法概念。初始的季节概念起源于对物候的观察，原始人在生产活动中观察某些动物、植物的生活现象，慢慢总结出这些动物、植物的生活习性或生长规律，从动物、植物生长活动的周期性中产生了年岁、季节和物候月的概念。后来人们发现星象的位移比物候更能准确反映季节变化，在观察

　　大河村遗址图。1972年河南郑州大河村发掘出距今约5000多年的仰韶时期文化遗址。大河村出土的有关天象的纹饰和图案，构成一幅令人赞叹的完整的天象图景，有人将大河村称为"华夏观象第一村"。

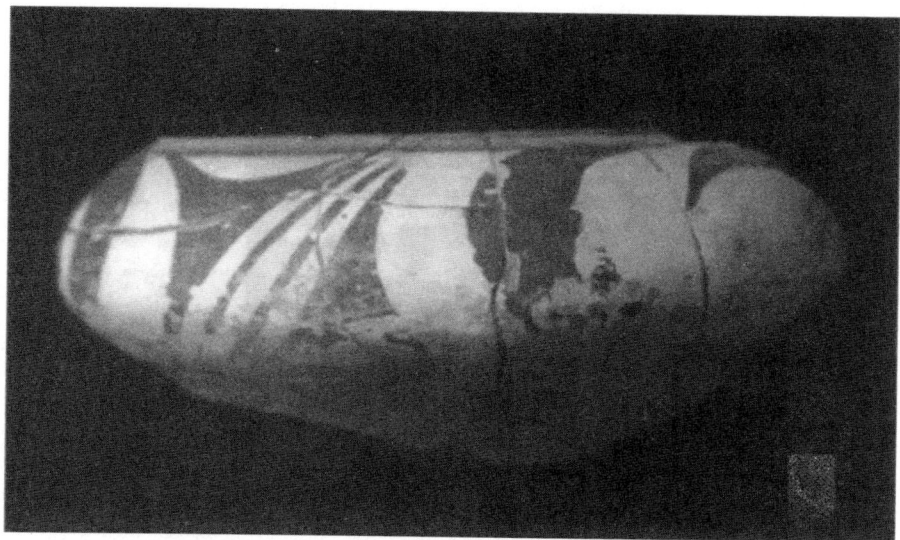

大河村月亮图。在大河村出土的彩陶残片中，还发现了多姿多彩的月亮纹饰。在一件完整的陶钵表面，有三组两个弯弯的月牙对称的图案。天文学家认为，图案中展示的是新月与残月的形象。这说明，大河村人已发现月亮运行周期中的不同月相，并对此作了艺术性的记录。

星宿位置变化的过程中发明了原始的天象物候历。原始社会晚期的人们已经掌握了观测恒星以定节气的方法。天干计日法是原始人观测太阳产生的天文学成果，原始的朔望月的观测也促成阴阳合历的诞生。史前人还依靠对太阳的观测确定方法，形成四方的概念，以北极星定方向的方法也随之出现。此外我国在

太阳晕珥图像。在大河村出土的彩陶残片中，有的图案在太阳外围，绘有对称的内向弧形带，古人所要表现的大概也就是现代天文学家所说的太阳晕珥现象。这是华夏先民对天象长期细致观察的真实记录。

091

大河村太阳图。考古学家从大河村出土的彩陶钵盘残片中，发现了多种彩绘的太阳形象，其中有两种器物上绘制的太阳图案都是十二个，它暗示了一年中的十二个月。可见，5000年前大河村人已有了一定的天象知识和历法观念。

史前时期已发现太阳黑子现象。

这些史前时期的天文学知识可以在出土器物中得到印证。

1972年至1975年在仰韶文化郑州大河村遗址出土了一些绘有太阳纹、月牙纹、月亮纹的陶片，提供了考察约公元前3790年至前3070年间史前人天象观测方面的资料。根据陶片上太阳纹的大小形状制出的复原图，表明古大河村人已懂得把太阳在星空背景上绕一周的路径均匀分成12等分，推测他们也有将一年分成12个太阳月的知识，一年360天，一个太阳月30天。彩陶残片上有两个相对的月牙纹饰，分别表现新月和残月的月相。可见，当时阴阳历都有使用。

关于太阳的观测，中国古代还有许多"金鸟"的神话和画有飞鸟驼红日的彩陶出土，证明我国发现太阳黑子现象绝不会晚于新石器时代晚期。大河村遗址中几件彩陶碗残片上，绘有带光芒的太阳，可能是古大河村人观测

大河村星象图。天文学家推断，这是北斗星尾部的形象。这是到目前为止，我国发现的最早的星象图案。

石刻太阳图岩画，发现于江苏连云港将军岩。这是新石器时代的遗迹，对太阳形象给予准确的表现，表明 4000 年前，华夏古人对照耀万物的太阳有着深刻的观察。

到日晕后在彩陶上的艺术表现。

大河村遗址出土了一些绘有太阳纹、月牙纹、月亮纹的陶片，提供了考察约前 3790—前 3070 年间史前人天文观测方面的资料。

仰韶文化进入繁荣期

发源于半坡类型的仰韶文化，经过史家类型的发展，在约前 4000—前 3600 年进入繁荣期，形成庙底沟类型。

庙底沟类型的分布地区很广，以关中、晋南、豫西为中心，北到河套，南达江汉北部，西至洮河，东抵郑州附近。经发掘的重要遗址，还有河南渑

鲵鱼纹彩陶瓶。鲵鱼俗称"娃娃鱼"，属两栖动物，头圆而扁，四肢短小，尾大而扁，身上有斑纹。此瓶在甘肃省甘谷县出土，瓶上纹饰准确生动地表现了鲵鱼的特点。

池仰韶村、洛阳王湾、郑州大河村，陕西华阴西关堡、华县泉护村、邠县下孟村（上层），甘肃秦安大地湾，山西芮城西王村（下层）、夏县西阴村等。陶器中常见的器形有曲腹盆、曲腹碗、双唇小口尖底或平底瓶、宽肩小平底瓮、大口缸、折肩浅腹圜底釜、灶、盆形甑、釜形鼎等。纹饰有绳纹、线纹、划纹、附加堆纹以及彩纹。庙底沟类型的彩陶已处于仰韶文化彩陶工艺的盛期。多为红地黑花，还出现了少量白衣彩陶。主要是以圆点、钩叶、弧边三角及曲线组成的带状纹饰，还有垂幛、豆荚、花瓣、网格等纹样，此外有鸟纹、鱼纹和蛙纹等动物图形，沿袭了史家类型的形态和风格，而与半坡类型彩陶风格迥异。

庙底沟类型的彩纹进入了成熟发展期，是仰韶文化彩陶艺术的高峰。这时纹样构图一变过去作风，以图案装饰为主旨。以弧线、弧边三角、曲线、圆点和半圆形等元素，采用二方连续的装饰方法，构成整组花纹，环绕器壁，显得绚丽多彩。此外还有多种姿态的鸟纹装饰。这种纹饰构图上的变化，也是与当时器物形制的特点相协调的。庙底沟类型的典型彩陶器是卷唇曲腹盆和敛口曲腹碗，其纹饰主要施于曲腹以上向外圆鼓的肩部，侧面视之，成为球体，用曲弧形的母题加以装饰，球形越显凸出，同时，线条的曲弧度也显得越大。而半坡类型所以采用直边三角和直线纹装饰，是因为陶器折肩以上为微弧的平面。这是仰韶文化居民审美观念的发展和艺术创作上发生的变化。

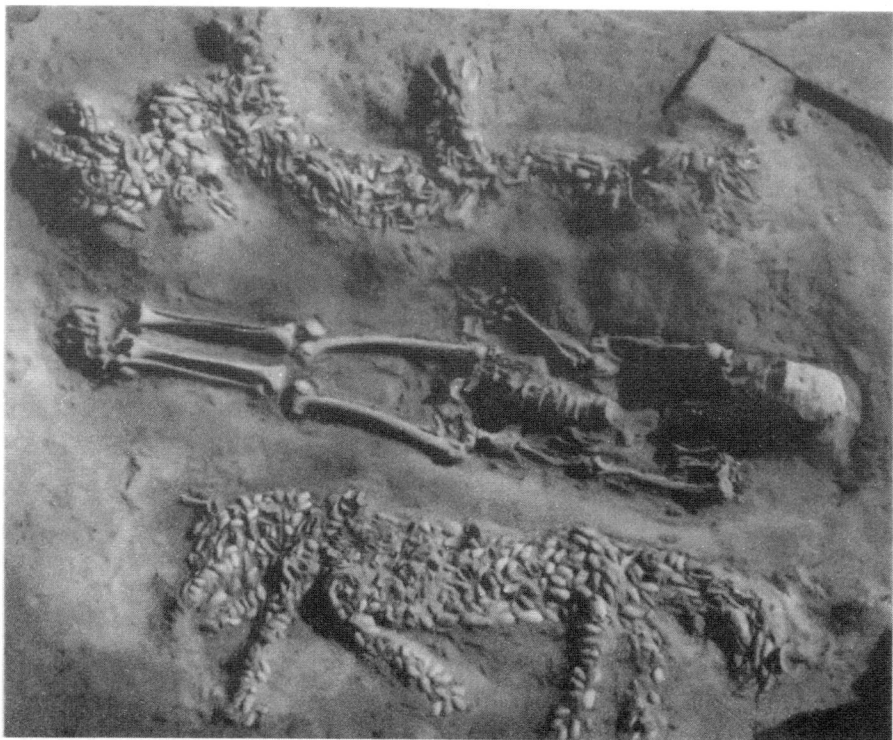

摆塑龙虎图案。河南濮阳出土，距今5000多年。墓主为男性。龙虎图案用蚌壳摆塑而成。

庙底沟类型还出现了多彩纹饰，白地或红地白边，紫红彩白彩相间，更显得富丽美观。

庙底沟类型以庙底沟遗址为代表，庙底沟位于河南省陕县东南的庙底村西，面积约24万平方米。仰韶文化遗存的年代为前3900年左右，该遗址的发掘，确立了仰韶文化主要阶段之一的庙底沟类型，揭示了它的丰富内涵和特征；由这里发现的庙底沟二期文化遗存，属于早期龙山文化的范畴，它为仰韶文化向龙山文化的过渡，首次集中提供了大量的证据，从而使中原地区新石器晚期文化的传承关系开始明朗。

在仰韶文化遗存中，发现房子2座，窖穴168个，墓葬1座。房屋作方形半地穴式，面积约40余平方米，门向南，有窄长的斜坡形门道，屋内迎门处挖筑圆形灶坑，穴壁四周有数十个小型柱洞，室内中间分列4个较大的柱

095

洞并埋放石础,墙壁和地面用草拌泥掺红烧土沫涂抹,屋顶复原呈四角攒尖形,窖穴多圆形,有的埋有人骨架或猪、狗的骨架。工具以打制的盘状砍砸器、圆饼状刮削器、两侧带缺口石刀、磨制的长方形单孔石刀、心形和舌状石铲等最有代表性。陶器约 90% 为红陶,以曲腹碗、曲腹盆、小口尖底瓶、小口平底瓶、斜沿罐、釜、灶等最具特征。纹饰主要是绳纹、线纹和彩纹。彩纹除象生性的蛙纹外,大量的是以圆点、曲线、涡纹、弧线、三角涡纹、方格纹组成的繁杂富于变化的图案。

鹳鱼石斧纹陶缸。河南出土的庙底沟类型文物。此缸由夹砂红陶制成,体积较大,是古人作为葬具的瓮棺。腹壁用白色绘一只高大白鹳,口衔一条白鲢鱼。陶缸右侧竖立一柄装饰讲究的石斧,充满神秘气息。

河南郑州大河村出土的彩绘双连壶

马家窑文化鼎盛

马家窑文化集中反映了甘青地区的原始文化，延续了仰韶文化的一支并揉进了地方特色，形成一个以甘肃为中心，东至陕西西部、西达河西走廊和青海东北部，北及甘肃北部和宁夏南部，南抵四川北部的地方性原始文化，延续至齐家文化。它包含了石岭下类型、马家窑类型、半山类型和马厂类型四个发展阶段。

马家窑文化的自然环境很适宜人类生存。我国北方地区较普遍的旱地农业比较发达，主要种植粟和黍。农业生产工具有翻地用的石铲，收割用的石刀、骨梗刀，用作谷物加工的磨盘、磨棒、石杵、石臼等。饲养业在马家窑文化中占有重要地位，主要饲养牛、羊、猪、狗等家畜和鸡等家禽。渔猎业已退居二位，作为农业和饲养业的补充。狩猎工具多为石制或骨制，如石镞、骨镞和石弹丸、矢镞等，狩猎对象主要为鹿类。

彩陶束腰罐，甘肃省永登县出土。

马家窑文化的制陶业相当发达，创造了灿烂的彩陶文化。当时的制陶规模相当大，原始氏族公社成员有组织地进行劳动生产，基本上具备制陶、彩绘、烧窑等程序，并由专业工匠来完成。所以，制作相当精美，彩绘绚丽繁缛，产量也很大，达到了很高的艺术水平。彩绘成为马家窑文化的一大特征。彩绘图案主要有人像纹、几何纹、动物纹、S形纹、葫芦纹等，并且出现了五人

彩陶钵。马家窑文化类型。马家窑
文化为仰韶文化晚期的一个地方分支，
反映了西北地区原始文化的特点，其出
土彩陶极为繁复，画彩技术十分成熟。
其特点是橙黄陶绘黑彩，花纹繁缛，以
几何纹和动物纹为多。

人面彩陶壶，青海乐都县柳湾
出土马家窑类型文物。

双蛙头形红陶篮。马家窑文化马厂类型。

连臂的舞蹈纹和相当完整的人体全身塑像彩陶，工艺水准达到了新的阶段。部分彩陶上出现了"+"、"-"、"×"、"○"等十多种用黑笔写的符号，可能是作为记数的手段出现的。彩陶一般饰一层红色或紫色陶衣，而图案则用黑色描画。到马厂时期出现了慢轮修整陶器的技术，已经逐渐走向成熟。

　　制石、制骨、制玉、纺织、冶炼及木作等原始手工业都有了长足的进展。石器磨制技术，石、陶制作的纺轮、串珠等装饰品，在当时都已经比较普遍。在甘肃东乡林家遗址中出土的铜刀和铜碎块，为我国发现的最早的青铜制品。

　　马家窑文化的房屋主要分布在黄河及其支流两岸的土地上，缘水源而居的情况相当明显。房屋的建筑形式较多，有半地穴式的方形房屋，平地起建的圆形房屋和多间相套、平地起建的房屋。房屋结构的演变，说明氏族大家庭逐步向小家庭过渡。

　　马家窑文化的墓葬反映了当时母系氏族社会向父权社会过渡的情况，出现了严重的贫富分化。墓葬的形制有长方形、方形土坑竖穴墓、圆形墓、椭圆形墓、不规则形状墓等。在兰州土谷台发现的土洞穴墓，把我国洞室墓发生的历史上溯到新石器时代。葬具主要有木棺和石棺，也有没有葬具的。葬式主要有仰身直肢葬、屈肢葬、俯身葬、二次葬和孩童用的瓮棺葬。以单人

蛙形陶罐。马家窑文化马厂类型。

葬为主，也有多人合葬墓，并出现了家族合葬、集体合葬及主仆合葬的现象，表明当时已经出现了阶级分化。随葬品有生产工具、生活用具和装饰品三大类。随葬品的多少差异很大，有的空无一物，有的却有原始的鼓。多用日用陶器及珍稀陶器随葬的，则为氏族中有地位之人。

石雕镶嵌人面像。马家窑文化马厂类型。

马家窑文化出现性崇拜雕塑

人像彩陶壶，马家窑文化后期马厂类型遗物，是一尊兼具男女两性特征的复合雕塑。

马家窑文化制陶业十分发达，陶器上有彩色人物塑像作附饰物。马家窑文化陶塑人像发现于黄河上游的甘肃、青海两省，这些陶塑反映了当时流行男性崇拜的习俗，被视为当时的性崇拜雕塑。

现已出土的马家窑文化陶塑作品有人头形红陶瓶、人像陶瓮、带头像的陶勺等，最有代表性的作品是70年代中期青海乐都柳湾出土的人像彩陶壶，属四千多年前马家窑文化后期马厂类型的遗物。作者运用浮雕和彩绘相结合的手法，在壶颈和壶腹上部堆塑着一个正面站立的裸体人像，该像乳房很小且在嘴旁涂有黑彩，是男子形象，但它刻画的性器官形状却属女性，说明这是一尊兼具男女两性特征的复合体雕塑，这说明马家窑文化后期已出现性崇拜雕塑。

101

人头形陶器盖。新石器时代马家窑文化半山类型。出土于甘肃地区，已知有三件，形象近似，头顶有角状物，耳、目、口、鼻镂空，脸上绘纵横纹饰，有的较简单，有的画得很满，有可能是纹身现象。

良渚文化兴盛

　　良渚文化是从马家浜文化发展而来的新石器时代的一种文化，首次发现于浙江省余杭县良渚镇。类似的文化遗址分布在太湖流域周围，主要有浙江吴兴钱三漾，杭州水田畈，江苏省吴江梅堰、吴县草鞋山、张陵山，上海市上海县马桥俞塘等。良渚文化的年代约为前5300—前4300年，这一时期与它同时存在的还有山东大汶口文化、山西陶寺文化、湖北屈家岭文化、广东石峡文化。

　　良渚文化在农业、纺织、冶玉和制陶等方面都很有成就，是史前时期中国南方文化的主流。

　　这一时期的石器农具磨制非常精细，主要有锛、石犁、耘田器、穿孔斧、穿孔刀等。农作物品种很多，如籼稻、花生、蚕豆、芝麻、甜瓜等。纺织方面，良渚文化开辟了家蚕饲养和丝织品生产的新领域，养蚕和织丝开始成为人们的主要经济活动。钱山漾遗址出土的麻绳、平纹麻布残片以及绢、丝带、丝线等，是中国目前发现的年代最早的丝织品实物，其中残绢经纬密度每平方厘米各有42根左右，采用先缫后织的家蚕丝织成，质量很高。残麻布是平纹纻麻布，每平方厘米经纬线为24根，有的经线30根，纬线20根，细密程度近似于现在的细麻布。良渚文化的陶器有泥质灰胎磨光黑皮陶、黑陶和夹砂灰陶等，普遍采用轮制，造型规整。以泥质灰胎磨光黑皮陶最有特色，圈足上常有镂孔，有的还用匀称的弦纹装饰，常见的有壶、盘、簋等。竹、木艺发达，竹编器和木器已大量生产。钱山漾遗址有篓、篮、算、篓等二百多件竹编器出土，钱山漾和水

良渚文化遗存寺墩遗址玉敛葬。寺墩遗址中人的肢骨和部分随葬的玉璧、玉琮、石斧有明显的火烧痕迹，说明埋葬时举行过火的敛葬仪式，这是中国祭礼活动的首现。另外，璧、琮是贵重礼器，刻有象征威武的兽面纹饰，在中国一直是权力、地位和身份的象征。寺墩遗址墓葬的内涵，反映出当时的原始氏族制已走上解体的道路。

田畈也出土了浆、盆、杵、榔头等木器。竹、木工艺的发展，使人们可以借舟楫之便发展水上交通和渔业。玉器也很有特色，数量之多，工艺之精，为中国新石器时代其他文化所罕见，主要的玉器有珠、管、坠、璜、瑗、镯、琮、璧、蝉等，其中玉琮和玉蝉都是中国早期玉器中的珍品，是财富和权力的象征，尤其是玉琮最具特色，数量多，但结构基本相同，上面刻有构图相同的神秘的兽石纹，是一种用于宗教祭祀活动的礼器。

1986年在浙江余杭反山发现的一处墓地，随葬品多达数百件，大多是玉

103

玉冠状饰

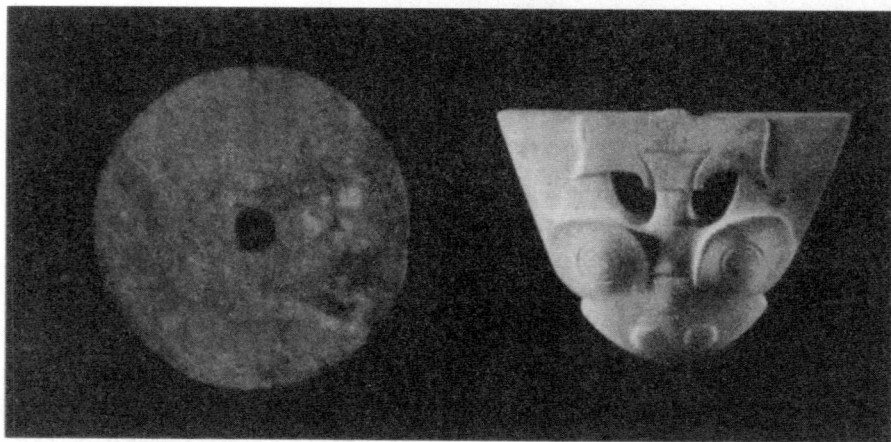

玉璧　玉牌饰

兽面纹玉琮

器，其中还有首次发现的带按柄痕迹的玉钺。墓葬中随葬品的数量和质量，反映了随着私有制的发展和贫富分化的加剧，良渚文化已处于原始社会的末期。

良渚文化是中国文明起源时期诸种南方文化中最为发达的一系，影响深远。中国最早的几个奴隶制国家都先后继承了良渚文化的某些成分，同一时期的其他文化中也可以看到良渚文化的某些特征。在距今 4200 年前，良渚文化因突发洪水的摧毁而衰亡，代之而起的是太湖流域的马桥四层文化。

江南新石器文化繁荣

江南新石器文化遗存覆盖面相当广泛，主要可划分为长江中下游广大地区和南方地区两大区域。在这片广阔的地域上，新石器文化遗存异常繁荣。

长江中下游地区新石器文化十分发达，从文化面貌和分布状况看，可再分为太湖地区、宁绍地区和宁镇地区。包括了江苏省大部、浙江中北部及皖南部分地区。

太湖地区文化遗存被正式考古发现的有二十多处，一般坐落于向阳的土坡或山脚、高大的土墩上，表明当时的人们已能根据自然环境条件有意识地对聚居地加以选择的特点。以太湖为中心，依次分布着马家浜文化、崧泽文

福建的昙石山文化彩陶壶

化、良渚文化等，其中马家浜文化是迄今发现年代较早的新石器文化之一，距今约7000—6000年左右。考古发现，这时的人类已培植出了粳稻，标示着水稻种植业已经历了相当长的时间。崧泽文化距今约6000—5300年，以上海青浦崧泽遗址最具代表性。良渚文化发现于浙江余姚良渚镇，距今约5000—2000年。其农业、手工业都有长足的发展，是新石器时期生产力水平的标尺。

宁绍地区文化分布于杭州湾以南的宁绍平原上，其中河姆渡文化距今7000—5000年左

玉人，距今4500年左右，安徽含山凌家滩出土。玉人长眼粗眉，蒜头鼻大嘴，头戴扁冠，腕部戴环，腰间束带，再现了江淮地区原始人的面貌和风采。

玉环兽，湖北天门石象河出土新石器时代玉器。玉环兽蜷踞呈"C"字形，隐约能辨出耳、嘴等，是一种表现图腾崇拜的器物。

右，延续长达 2000 年。在太湖平原以西，以宁镇山脉为中心的丘陵和河谷平原交错的地带发现的南京北阴阳营、太岗寺，及安徽潜山薛家岗等文化被合称为宁镇地区文化。在北阴阳岗，出土了大量石制的农业生产工具。陶器以夹砂陶居多，并有大量泥质红陶和少量灰黑陶及夹砂灰陶。

除狭义的江南以外，长江以南各地也出现了许多同类的文化遗存，在许多方面表现了类似的文化特色。

在江西万年县大源，1962 年发现了仙人洞。其新石器文化积层厚约 2 米，分上、下两层，代表了前后两个阶段的文化遗存，据测定，仙人洞文化的时间上限可推到 10000 年前。这时原始农业尚未出现。山背文化分布于江西修水以山背村为中心的小盆地四周，约 30 余处。以跑马岭、杨家坪文化遗存最为丰富。

107

崧泽文化彩绘碗形豆，上海青浦崧泽遗址出土。

在广东，新石器时代遗址多为洞穴，如阳春独石仔洞穴、封开洞穴、英德青塘洞穴等，以阳春独石仔洞穴最具代表性。这里的人类活动年代为前12000—前9000年间。而发现于广东曲江县石峡遗址的石峡文化，新石器时期文化涵义最为丰富。这里的人类生活于前3000—前2000年间，时间跨度较长。此外，广西的新石器文化以桂林市独山西南麓的甑皮岩洞穴遗址为代表。年代约在前7000—前5500年。

福建和台湾也有多处新石器时期的文化遗存出土，包括福建的昙石山文化，台湾的大岔坑文化、圆山文化、凤鼻头文化、芝山岩文化等。据1971年台南县左镇发现的左镇人化石显示，大约三万至两千年前，台湾就有人类活动，左镇人可能是由大陆移居于此的。台湾新石器文化遗存的时间上限约为前5000年，而下限则在前1000年左右，台湾学者认为芝山岩文化没有祖型，不是台湾土生土长的，其文化内涵与大陆东南沿海浙江福建一带新石器文化有密切联系，据此可断定大陆和台湾的原始人类有同祖同宗的血脉关系。

综上所述，在我国南方，新石器文化遗存十分繁荣，其景况绝不亚于北方及中原地区，其文化价值也不低于北方。

北阴阳营文化形成

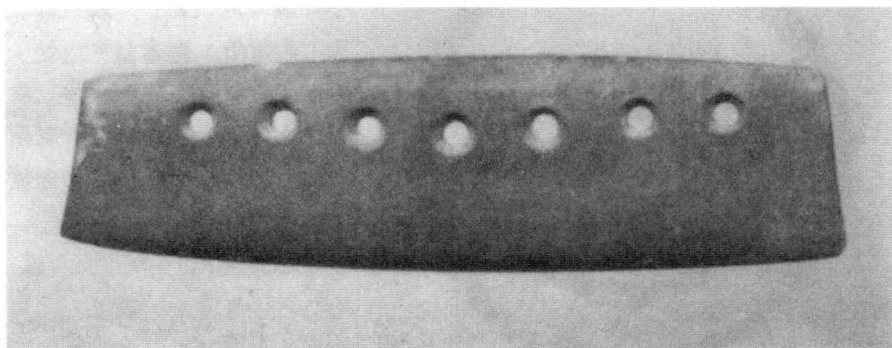

七孔石刀

　　北阴阳营文化分布在江苏省宁镇地区和安徽省东南部，反映了我国长江中下游地区的新石器时代的文化成就，因颇具代表性的南京北阴阳营文化遗址而得名，同类遗存还见于江苏江宁太岗寺、卸甲甸、庙山、江浦蒋城子，安徽滁县朱勤大山等地。年代约为前4000—前3000年。

　　北阴阳营文化以种植水稻为主的农业经济比较发达，农业生产工具多使用磨制穿孔的石器。饲养业和渔猎业也有发展。渔猎工具有骨镞、石球、陶弹丸等，猎取的动物有鹿、水獭、鼋、

彩陶鼎

109

龟等。

北阴阳营文化的手工业以陶器为主，并能用蛀纹石、透闪石、阳起石、石英等琢磨成小件装饰品，如玦、璜、管、珠、坠饰等。陶器制作尚处于手制轮修阶段、胎壁较厚。从质地来看，以夹砂红陶和泥质红陶为主，灰陶次之，彩陶数量很少。从形状看，三足器、圈足器普遍，有牛鼻式的器鋬，角状把手和弯曲的器足，代表性器具有罐式鼎、双耳罐、三足盉、高柄豆、圈足碗等。北阴阳营文化的彩陶制作别具一格，先抹上橙色或白色陶衣，再以红彩或黑彩绘成宽带、网状、十字、圆圈等简单纹样，内壁画彩相对稀少。

玉质装饰品

墓葬反映了当时的社会状况。北阴阳营遗址中有居民共用的氏族公共墓地，以仰身直肢葬为主，多为单人一次葬，头部朝向东北方。墓葬都无葬具和墓坑，也没有出现男女合葬墓，随葬品的数量有不等，相差并不悬殊，可见北阴阳营文化还处在母系氏族社会。但是，墓葬中出现了一些玉器随葬品，并有象征财富的猪下颚骨，在以农业为主体的社会经济结构中，孕育着父系氏族社会的萌芽。

北阴阳营文化因所处的特殊地理位置，与东邻的马家浜文化后期遗存，与西北的安徽潜山薛家岗遗址及北部邳县刘林遗址的大汶口文化遗存，都存在着某些联系。

数字刻符出现

　　随着原始社会生产力的发展，各种剩余消费品的数量日益增多，为了计数物品，人们想出一些刻画符号用来表示较大的数，形成了各种数字刻符。西安半坡、上海马桥遗址第五层、浙江良渚、台湾凤鼻山、山东城子崖下层以及青海乐都柳湾、甘肃半山马厂等处出土的陶器上，都发现一些代表数字的刻画符号。

　　原始的计数方法有结绳、契刻、摆竹片等许多种。据说到二十世纪中期，我国云南红河元阳地区的哈尼族人还用麻绳打结来表示自己的田价银子数，而新疆巴里坤草原的哈萨克牧民至今还保留着用羊毛绳打结来记羊的数目。

　　契刻记数用刻在骨片、竹片、木片等上面的刻口多少表示一种数的习惯录。在西安半坡遗址中出土的陶器表面，出现了一些代表数字的刻画符号。这些以半坡为主的关中地区的刻画记数文字中，和甲骨文、金文中的数字有某种内在的演化发展关系。经初步认识，以半坡为主的关中地区的刻字刻画号 –、×、∧、+、)(、1、ll、lll 等分别代表一、五、六、七、八、十、二十和三十等数字。时代稍晚于半坡的马桥陶片及城子崖陶片上，均有相类似的刻画符号，如用 I= 表示十二，以 U 表示二十，而用山、ѡ、山、火 等表示三十。

　　由此可见，在新石器时代，随着社会经济的发展，大量剩余产品的出现，为了贮存和分配的需要，原始的数字刻画计算方法已经运用到生活当中，为后人研究空间形式和建立数学学科提供了基础。

111

西安半坡遗址出土的刻有符号的彩陶片

中国陶器文化达到顶峰

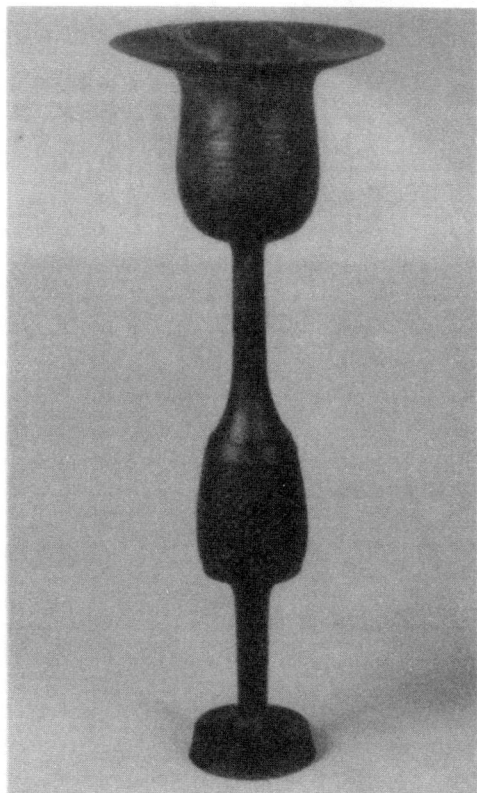

黑陶蛋壳杯，龙山文化典型文物。轮制，造型规整，器壁薄如蛋壳，且厚薄均匀。

陶器是新石器时代文化的主要标志之一，陶器形制的变化往往反映了文化的不同和发展，中国陶器文化在新石器中晚期达到顶峰。

这一时期，中国制陶工艺技术相当纯熟，已由手工制陶发展到快轮制陶，这是新石器时代制陶术的一项重要成就。快轮制陶工艺出现后，可以制作出壁薄而均匀的器物。山东龙山文化出土的漆黑光亮、壁薄如蛋壳的高柄杯，反映了史前制陶术的最高水平。

此时，人们对制陶材料的性能已有一定认识，有意识地选择不同的陶土来制作用途不同的器物，泥质陶主要用来制作致密度较高的一些器物，如碗、瓶、甑等，仰韶文化彩陶、龙山文化黑陶则多是细泥质的。尤其是，黄河流域发明了高铝质白陶，长江流域发明了高铝质和高镁质两种类型的白陶，这对我国陶瓷技术的发展，以及由陶向瓷的转变都具有十分重要的意义，我国也因此成为世界上最早发明白陶的国家。

陶器表面修整和装饰工艺更趋成熟。主要有陶纹、表面磨光、涂施色衣（又

113

富有神秘象征意义的人面含双鱼纹彩陶盆，陕西西安半坡村出土的珍贵文物。

舞蹈纹彩陶盆。青海大通上孙家寨出土，马家窑文化文物。

涡纹双耳彩陶壶，甘肃省出土。

叫陶衣）、彩绘等方式。

此期陶窑的构造都是地穴式的，即穴地为窑（东周之后才建到地面上）。并分为横穴式和竖穴式两种。能较好地控制温度。

制陶术的发展，在物理化学知识、高温技术上，为制瓷术、冶金术的产生打下了良好的基础。

在新石器时代，陶器几乎是当时物质与精神文化的总和。彩陶的出现，意味着人类的审美能力又登上了一个历史的新阶梯。彩陶艺术的光芒已辉映了新石器时代中期的历史环境，并敲响了高级文明来临的晨钟。从仰韶文化以及马家窑文化等彩陶的纹饰来看，那些流畅而又挺健的线条，长达周圈，没有能够蓄色的工具来进行那种描绘几乎是不可能的。由此可以推见，当时必定有陶工和画工的相对专业化。

彩绘三足陶罐，内蒙古敖汉旗出土。三足加强圆罐的稳定，整个器物表面呈黑色，又用白、红二色装饰，端庄大方。

115

中华文明起源

人首形器口彩陶瓶。甘肃秦安大地湾出土。

鹰鼎。陕西省出土。

船形彩陶壶。陕西省出土。

　　陶器本身是我国造型艺术的先驱，到目前为止，我国还没有发现比陶器年代更早、更完美、更典型的造型艺术作品。我国最早的人物画，是马家窑文化彩陶舞蹈盆画；最早的动物画，是河姆渡文化的夹炭黑陶猪纹钵上刻画的猪纹，以相当写实的手法，活现出一头肥猪呆拙粗壮的特征。

　　红山文化遗址"女神庙"中，不但发现了孕妇神象，还发现了一尊相当于真人原大的完整女性头像。女性头像各部位塑造得十分准确而又加以夸张，嘴唇外咧、微笑欲语，面颊有肌肉起伏感。这一尊极富生命力而又高度神化了的女神头像，是我国第一次发现的 5000 年前的祖先陶塑像。"女神庙"中还有一些大小不等的塑像，从一些残迹可知，最大的塑像三倍于真人。体内有木制的支架，内外层泥质不同，其塑制方法与现代大型雕塑的做法很相似。预示着中国雕塑艺术的辉煌。

　　新石器时代晚期的陶器文化，为青铜时代的来临，准备好了造型的场所，使它们在火光的焙烧中迎接冶炼的铸造艺术形体的降临。

117

陶人头。仰韶文化文物。

彩绘桶形陶罐，内蒙古敖汉旗出土。纹式与中原商代青铜器上的纹式布局十分相似。

118

陶鼎。新石器时代生产的陶鼎、鬶尊、豆等，设计精美，已能在陶器上镂刻花纹。这对于商周时期青铜文化的繁荣发展奠定了基础。

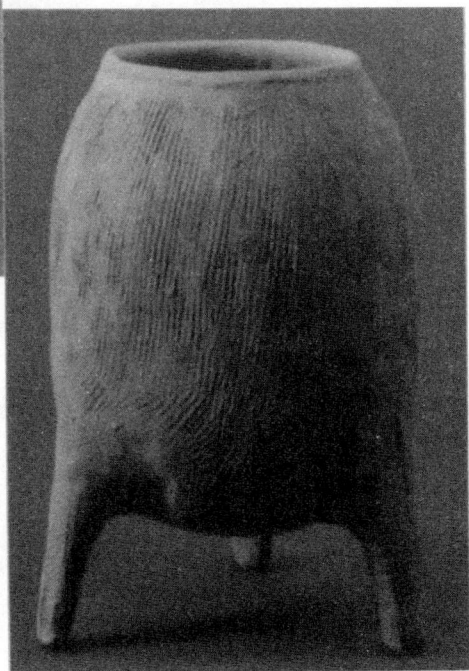

女神像，辽宁红山文化文物。此像具有典型的蒙古人种的女性特征。

119

约 2900—2100B.C.

史前

约 2100—1900B.C.

龙山文化（曾称黑陶文化）。广泛分布于中原和华东、西北地区。已进入父系氏族公社时期。
庙底沟二期文化（约前 2900—前 2800 年，中原地区仰韶文化向龙山文化过渡的一种文化）。
河南龙山文化（约前 2600—前 2000 年）。
山东龙山文化（约前 2500—前 2000 年），炼铜业已出现。发现精美贵重玉器。发现卜骨。
陶寺遗址（约前 2500—前 1900 年，1978 年在山西襄汾陶寺发现）。出土彩绘木器。打制石磬发现。
发现一件铃形红铜铸品。
陕西龙山文化（约前 2300—前 2000 年）。

约 2000B.C.

齐家文化（我国铜石并用时代的文化）。冶铜业是一项突出成就，进入铜石并用时代。开始出
现国家制度，有人殉现象。约与夏朝同时代。甘肃玉门火烧沟出土二十多个彩陶埙，已有以宫、
羽为调式主音的两种四声音阶调式。

2780B.C.

埃及第三王朝约于此时开始。埃及古王国时期开始（前 2780—2280 年）。第三王朝国王开始用
石块建造高大王墓，称为金字塔。

2420B.C.

埃及第六王朝瓦解后，古王国终了。此后称骚乱时期，亦称第一个中间时期（前 2280—前 2050 年）。

369B.C.

阿卡德萨刚刚一世即位（前 2369—前 2314 年。他统一美索不达米亚全域，建成了两河流域帝国，
为巴比伦文化打下了基础。

2233B.C.

埃及第九、十、十一朝时期（前 2233—前 1991 年）同时存在。中王国时期（前 2050—前 1880 年）
开始。

2100B.C.

克里特文化或米诺斯文化时期（前 2100—前 1400 年）。

龙山文化出现于山东河南

新石器时代晚期，在黄河下游地区，出现了一种新的文化格局——山东龙山文化。它是由于在山东章丘县龙山镇被发现而得名。山东龙山文化由大汶口文化发展而来，年代约为前 2500—前 2000 年，覆盖范围包括山东省中、东部及江苏淮北地区，主要遗址除龙山外，还有潍坊姚官庄、潍县鲁家口、胶县三里河、日照两城镇和江苏徐州高皇庙等等。

作为一种独立文化的出现，山东龙山文化是以精湛的黑色陶器制作工艺作为其特性的，当时的制陶工艺，已达到了前所未有的高水平。陶器造型规整，器壁薄且均匀，有的器皿壁厚仅有 0.5 毫米，重量尚不到 50 克。器皿表面打磨光亮，并附有划纹、弦纹、竹节纹及镂孔等等纹饰。根据黑陶在当时的数量及制作工艺，一般可将山东龙山文化分为三大时期：①早期；黑陶所占比例较少，代表作有大口深腹罐形扁凿足鼎。②中期；黑陶比例约达一半，代表作有蛋壳黑陶高柄杯。③晚期；黑陶已占绝对优势，代表物有各式精巧的陶盒、匙等等。

由于山东龙山文化是由大汶口文化发展而来的，因此其社会经济在很大程度上带有大汶口文化的因素，也是以原始农业为主，以渔猎、家畜饲养及各种原始手工业为辅。

蛋壳黑陶高柄杯

121

陶鬶。山东龙山文化遗物。

山东龙山文化是以粟作为其主要农作物的。生产工具则有扁平穿孔石铲、蚌铲、骨铲、双孔半月形或长方形石刀、蚌刀、石镰、带齿蚌镰等，比大汶口文化时期的工具有较大的进步，反映了当时农业经济的繁荣。由于山东濒临大海，故当时的渔业也占一定的比例，经发现的捕鱼工具有石镞、骨镞、蚌镞、陶镞等。狩猎的对象则以鹿类为主。在农业的支持下，饲养业也有较大的进展。家畜有猪、狗、牛、羊等，家禽有鸡，并且当时已能进行猪的人工繁殖。

至于手工业，除了前面提到的制陶业，制玉业在当时也达到了较高的水平，主要代表作有扁平穿孔玉铲、阴刻兽面纹玉锛、三牙璧及鸟形、鸟头形等各种玉饰。

山东龙山文化时期的居民建筑，主要有长方形或圆形半地面式、圆形地面式和夯土台基地面式三种，其中夯土式建筑开创了中国古代夯土建筑的先河，为后来各种大型宫殿的建筑奠定了基础。墓葬习俗和大汶口文化大致相同，同一墓地墓葬方向一致，而不同墓地的墓葬方向则有所不同，葬具有木椁和石椁两种，葬式则以仰身直肢葬为主，个别还是屈肢或俯身葬，均为单人葬。随葬物品因被葬者的身份不同而变化，半数以上墓地无随葬品，随葬品最多的是三里河 2124 号墓，多达 25 件。

由于山东龙山文化的繁荣，对其后续文化——岳石文化的产生和发展，无论在农业经济，还是制陶业、制玉业等手工业上，都产生了很大的影响。

与山东龙山文化出现的同时，在河南也出现一种与之关系较为密切的文化格局——河南龙山文化，这两种文化在当时交流较为频繁，相互影响着对方的发展，特别是在制陶业方面。

鸟喙足形黑陶鼎。龙山文化类型文物，山东潍坊出土。

龙山文化陶寺类型出现

大约前 2600 年以后，晋陕一带出现了龙山文化，取代了仰韶文化。山西龙山文化以约前 2500—前 1900 年的陶寺遗址为代表，陕西龙山文化则以约前 2300—前 2000 年的客省庄遗址为代表。

陶寺遗址位于山西省襄汾陶寺林南，于 1978 年至 1983 年由中国社会科学院考古所进行发掘，遗址面积有 6000 平方米，发现了小型地面、半地穴式和窑洞三种形式的住房和 1000 多座氏族墓葬，出土了大量陶器、玉器、木器和生产工具。生产工具具有很发达的磨制石器，如三角犁形器、石铲、石斧、石刀、石镰等，此外还有骨铲、双齿木耒等工具，说明当时的农业生产较为发达。陶器多数是黑陶，器表多有彩绘，纹饰有龙纹、变体动物纹、圆点纹、涡纹等。陶器中以彩绘蟠龙图形盘最具特色，是目前中原地区发现最早的蟠龙图案。彩绘陶器和彩绘木器构成了陶寺龙山文化的两大特色。出土的 1 件铃形红铜铸品，标志着生产领域的重大进步。

彩绘蟠龙纹陶盘，这是山西陶寺类型龙山文化发掘中最富特点的典型文物。

打制大石磬

彩绘陶壶

　　在陶寺墓地发掘的 1000 多座墓葬中，大型墓仅有 9 座，墓主都是男性，使用木棺，内撒朱砂，随葬品多达 100 至 200 件，有彩绘陶器、彩绘木（漆）器、成套玉器和石器等，还有整只猪骨架。中型墓较多，也使用木棺，随葬品有成组陶器、玉器和少量彩绘木器，或者有几副至几十副不等的猪下颚骨。小型墓最多，墓坑窄小，除少数有骨笄等小件随葬品外，绝大多数没有任何器物。由此可见，极少数首领人物执掌大权，独占龙盘、石磬、鼍鼓等重要礼器，私有财产十分丰富，陶寺墓地说明了陶寺龙山文化时期社会已经分化，陶寺人已经使用了木器和玉器，具有较高的工艺水平和审美意识。在陶寺遗址上发掘的龙山文化的 1000 多座墓葬中，出土了大量的朽木和成套玉器。根据朽木的痕迹复原了数十件木器标本，主要有家具和炊厨用具，其中 1 件仓形器高 24 厘米，底径 15 厘米，上面有蘑菇形盖，下部为圆柱体。制造木器的方法多种多样，如枋木挖凿、榫柳插合、板材拼接等。木器上面多数施彩绘或喷漆，以红色为主，也辅有其他颜色，图案有条带纹、几何形纹、回纹、云纹等。彩纹木器和彩绘陶器一样，都是陶寺型龙山文化的一大特色。陶寺

125

山西襄汾陶寺墓地发掘现场。陶寺遗址年代约为前2500—前1900年，在这里发掘出的居址、墓葬及各种文化遗物，对研究中国古代等级、国家的产生及夏文化的发展，均具有重要的学术价值。

人使用的玉器有玉瑗、玉琮、玉环等，主要是作为礼器和装饰品。

　　根据古史传说，晋西南有"夏墟"之称。从遗址显示出的年代、生产力水平以及龙盘提供的族属信息诸方面，有人认为，陶寺遗址很可能就是夏人遗存，不过，由于没有文字材料可资佐证，这还只是一种推测。但陶寺遗址所代表的这支具有鲜明特色的文化遗存，无疑是探索"夏文化"的重要研究对象之一。

齐家文化出现阶级和军事体制

　　齐家文化上承马家窑文化，是新石器时代晚期至青铜时代早期的文化，早期年代约为前2000年，主要分布于黄河上游地区甘肃、青海境内，黄河的主要支流渭河、洮河、大夏河、湟水流域也有零星分布。齐家文化反映了父系氏族社会的特点，出现了阶级分化并产生原始军事民主制。

　　齐家文化的经济生活以原始农业为主，种植粟等农作物，人们过着比较稳定的定居生活。生产工具主要是石器和骨器，有石镰、石刀、石斧、石磨盘、石磨棒、石杵等。齐家文化的畜牧业相当发达，饲养的家畜有猪、羊、狗、牛、

双大耳彩陶罐，齐家文化遗物。

马等，其中养猪业最为兴旺。手工业也发展到一定水平，制陶、纺织及冶铜业都取得较大成就。齐家文化的陶器独具特色，主要有泥制红陶和夹砂红褐陶，还有少量的灰陶和泥制彩陶。纺织品以麻织布料为主，冶铜业发达，出现了红铜、铅青铜和锡青铜，表明齐家文化晚期已进入青铜时代。

生产力的发展促进私有制的产生，齐家文化中原始的贫富均等的状态已经被打破，出现了贫富差别以及人与人之间社会地位的高下之分，男子在社会上居于统治地位，产生了阶级和军事民主制。齐家文化中这些社会生活状况都可以在墓葬中得到反映。

迄今发现的齐家文化墓葬共约 800 多座。大都是成片的氏族公共墓地，规模不一。墓葬的形制以竖穴土坑墓为主，墓壁垂直平整，墓坑大小不一。葬法有单人葬与合葬两种，单人葬以仰身直躯葬为主，也有俯身葬、侧身葬、瓮棺葬等。合葬墓以成年男女二人合葬较为普遍，此外还有成人和儿童合葬以及多人合葬等葬法。秦魏家的成年男女二人合葬墓，男性为仰身直肢，女性位左，侧身居肢面向男性；皇娘娘台的成年，一男二女的三人合葬墓，男性仰身直肢位在正中，二女分列左右，屈附其旁；成年人与儿童合葬中，中年男子与六七岁的儿童合葬，儿童紧附在男子的身边。这些合葬墓说明齐家

127

齐家文化红陶鸟形器

文化中的婚姻形态已由对偶婚制过渡到一夫一妻制，只有少数富裕的家长过着一夫多妻的生活，男子在社会上居于统治地位，女子降至从属和被奴役的地位。父子合葬的习俗表明齐家文化中已有按父系的血统来计算世系的习惯，反映了父系氏族社会的特点。

齐家文化中还存在以人殉葬的风俗，殉葬者为奴隶和部落战争中的受害者。柳湾314号墓中，一成年男子仰身直肢平躺于木棺内，另有一青年女子侧身屈肢于棺外，一条腿骨被压在棺下，她是为墓主殉葬的奴隶。另外在齐家坪发现8人和13人同坑的墓，仰身者为墓主，其余都是殉葬者。殉葬的习俗反映了社会地位的差别与阶级分化。墓葬中随葬品的多寡显示出贫富不均的状况。如皇娘娘台墓葬的随葬器物，陶器少者一两件，多者37件，玉石璧少者一件，多者83件。这种情况表明，齐家文化中以冶金业为主导

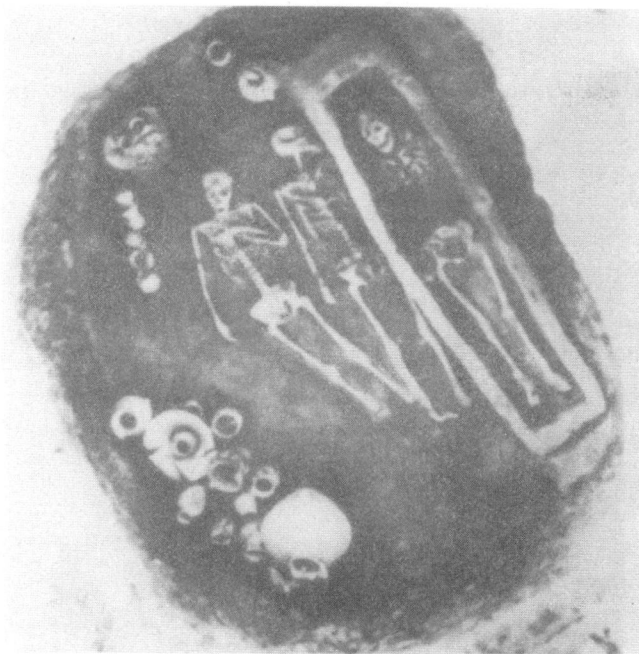

的手工业的增长，促进了生产力的发展，社会内部发生了深刻的变化，阶级出现，私有制产生，原始社会行将崩溃，齐家文化进入军事民主制阶段。

青海乐都柳湾出土齐家文化墓葬

齐家文化开始锻造

前2000年左右，齐家文化的人们已经认识了金属的性质并运用锻造和铸造制作出各种铜器。齐家文化中冶炼技术的普遍应用，为商、周时代的青铜文化奠定了基础。

中国古代锻造分为冷锻和热锻两种，齐家文化时期冷锻工艺普遍应用，一些出土的刀、斧等铜器上的铸范痕迹可作例证。1978年以前在甘肃武威皇娘娘台齐家文化遗址出土的刀、凿、锥等红铜器和一些饰物均经过冷锻，锤击痕迹非常明显。在秦魏家出土的青铜锥也经过冷锻。这些出土的器物表明，

中华文明起源

齐家文化灰陶盉

齐家文化鬲

齐家文化红陶罐

齐家文化的冶铜和锻造技术都达到了较高的水平。人们可以利用单金属矿冶炼出红铜，也能利用多金属共生矿冶炼出青铜，锻造工艺随着冶金业的发展得到推广，锻造技术不断提高。齐家文化朵马台出土的铜镜保存较好，直径9厘米，厚0.4厘米，正面光滑，背部饰有七角星图案，为我国目前发现最早的铜镜。齐家坪还发现迄今为止最大的一件铜器制品——斧，长13厘米，一端有长方孔，便于安柄。这些器物展示了齐家文化锻造工艺之精。

　　齐家文化锻造工艺的产生，适应当时冶炼技术的发展，制造出各种金属工具和用于日常生活的铜器及饰物，促进了农业生产的发展，也丰富了人们的生活。冶金与锻造工艺在齐家文化空前繁荣，为商、周时期青铜文化的繁荣发展奠定了基础。

131

齐家文化使用铜镜

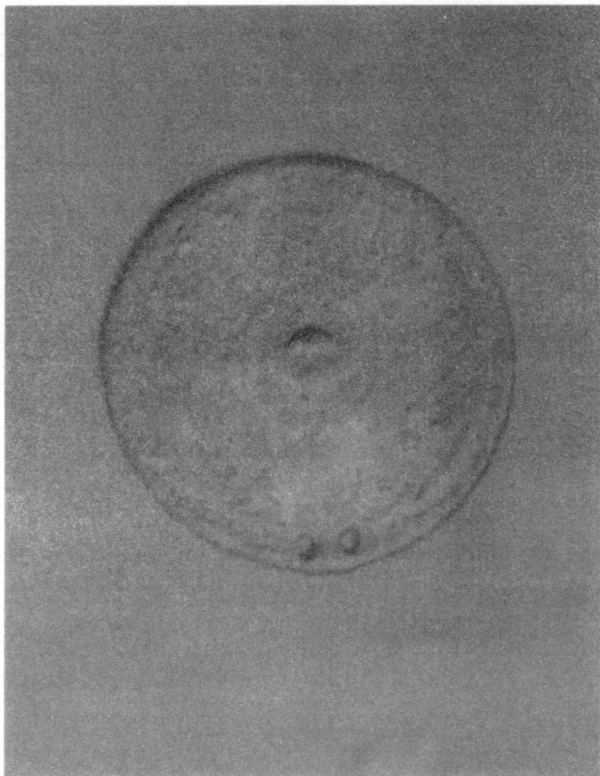

我国目前最早的铜镜在齐家文化遗址中发现。

齐家文化反映了新石器晚期甘青地区的社会经济状况，开始普遍应用冶炼技术，冶铜业已经相当发达，出现了红铜和青铜制品。我国目前最早的铜镜在齐家文化遗址中发现。

铜镜中的含锡量一般较高，多为青铜铸件。铜镜的制作程序相当复杂，大致包括制镜范即制模、浇铸、刮削、研磨、抛光、开光等工序，还要在刮削前后进行热处理。铜镜真正开始大量制作是在冶炼技术比较成熟的战国时期，到汉唐时期，制铜镜的工艺相当成熟，发展到高峰，宋代以后才逐渐衰落。这个时期铜镜中各成分的含量分别为铜占65%—72%，锡占22%—25%，铅占3%—8%，因此，铜镜是一种含合金铸件。

制造工艺如此复杂的铜镜在史前的齐家文化时期已经产生并开始使用，表明我国齐家文化时期的冶炼技术尤其是冶铜技术已经相当成熟。

半穴居房屋鼎盛

新石器时代陶屋模型，江苏邳县大墩子遗址随葬品。

半穴居既有穴居的某些优点，又有地面建筑物的某些特征，成为一种颇具特色的由穴居向地面土木建筑的过渡形式。我国早期的半穴居房址出现在新石器早期的半坡文化遗址中，晚期的代表性建筑以当时氏族公房为主。

早期的半穴居住房，屋址平面尚没有通用的固定的形状，穴壁四周没有明显的柱洞及构造遗存，还没有产生相对独立、能够承重的墙体。屋盖的形状，多类似圆锥或方锥，以树枝相互交叉形成骨架，骨架间隙塞以细小的树枝、树叶及苇草，再涂抹上草筋泥。如果棚屋比较大、重，下部则设有支撑柱。

中期的住房则倾向于半穴居——土与木结合的建筑形式，表现在承重立柱的出现，墙体的增高及建筑必需的基本因素已经具备。到了半穴居的晚期，出现西安半坡、郑州大河村、甘肃秦安大地湾等原始氏族群落聚集的大房子。

其中大地湾大房屋遗址代表了原始社会建筑技术的最高成就。该大房屋以长方形的主室为中心，两侧有东西侧室对称布置；主室后部还有与之同宽的后室；主室的前方有些附属建筑，并有广场。大房屋布局秩序井然，主次分明，结构复杂而严谨，大房屋前有近千平方米的广场，不难看出，它应是氏族部落或联盟的公共活动中心。大地湾大房屋具有宏伟规模、复杂的结构以及精湛的建筑技术，更有意义的是这座建筑的设计已经超越了原始的、简单的庇护所的概念，而具有了某种形式的审美意识，建筑已经作为一种文化艺术形式出现了。

王城岗遗址和平粮台古城遗址文化出现

王城岗遗址和平粮台古城遗址文化约发生于前2150—前1870年。

王城岗遗址位于河南登封告成镇西约1公里处，其城址规模很小：呈方形，分两次筑成。西城墙长92米，南城墙长82.4米，东端留有一个宽约10米的缺口，作为城门。现存基槽深约2米，宽4.4米，底宽约2.5米，由此断定其城墙的基部厚度应不少于4.4米，基槽内填夯土10—20厘米不等。从城内中部和西

西安半坡方形房屋遗迹，屋内有12根木柱。

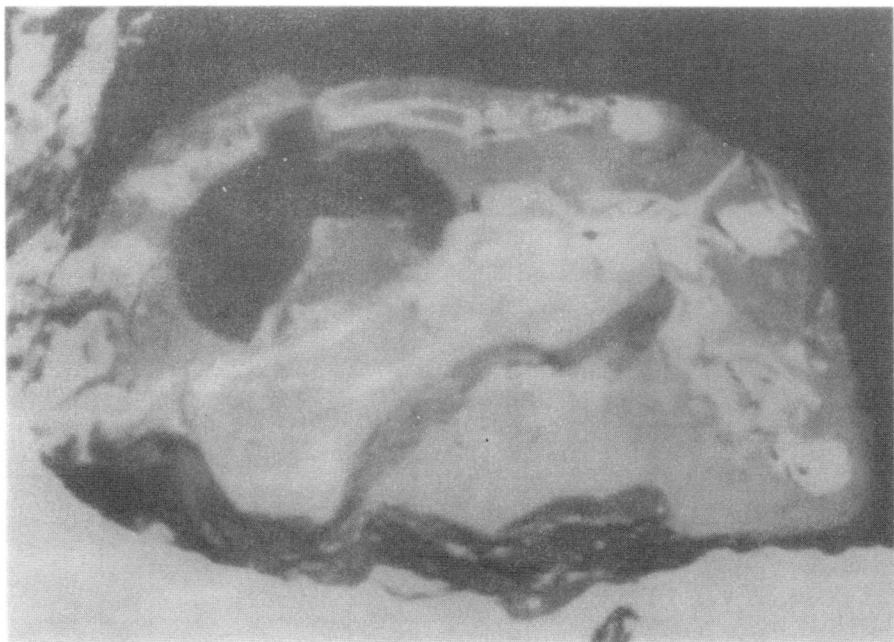

王城岗城址 1 号墓基坑

南部较高地带所残存的断断续续的夯土残迹来看，此处应为城内重要的建筑遗址。

平粮台古城遗址位于河南淮阳县城东南约 4 公里的大朱村西南隅，1979年发现，属河南龙山文化晚期的城址，距今约 4300 多年。城址的平面呈正方形，长宽各约 185 米，总面积达 34000 余平方米，大于王城岗城址。城墙残高 3 米，采用小板筑堆筑法建成，系夯土墙，夯层清晰，厚 15—20 厘米，夯窝明显，有些系由 4 根木柱绑在一起而成。城门设于南、北城墙的中段。就现已发掘出的南城门来看，南门宽约 1.7 米，门道东西两侧有两座房基，当属门卫房。门道下有陶制排水管道，每根长 35—45 厘米，为目前中国发现最早的排水管道。此外，在城址内发掘出十余座房基，多为长方形排房，或为平地起建，或为夯土高台建筑，并普遍使用土坯砌墙。土坯的普遍使用，是建筑史上的一大进步。城内还发现陶窑、墓葬、灰坑等遗迹，并在一灰坑中发现铜渣，表明当时人们已初步掌握冶铜技术。

135

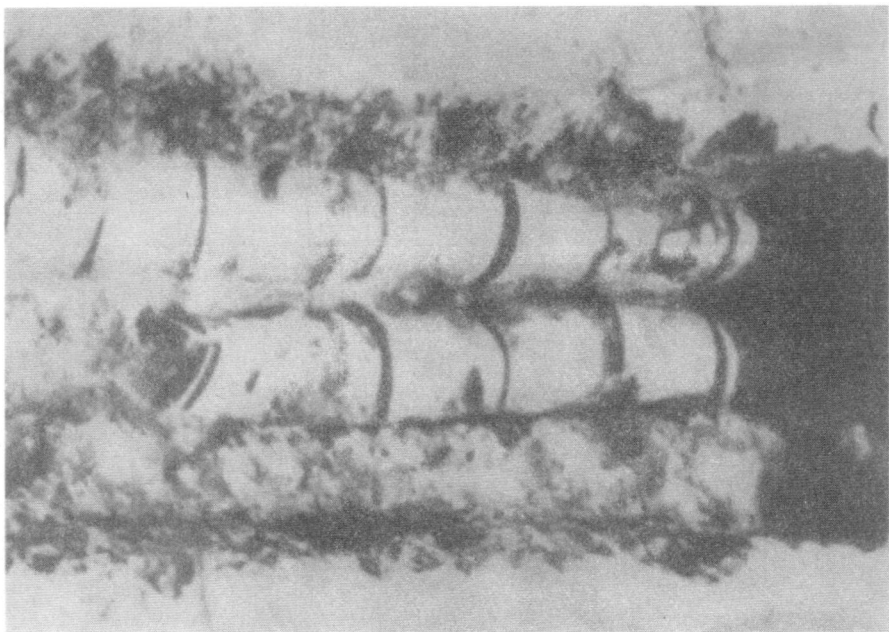

平粮台城址陶下水管道

　　王城岗遗址和平粮台古城遗址是中国现存最早的城址，它们的发现对研究中国古代城市的起源和建筑以及国家的形成，均具有重要意义。

二里头文化开启二里冈商代文化

　　二里头文化从前 21 世纪延续到前 17 世纪，遗留在河南中、西部的郑州和伊、洛、汝、颖诸水流域一带，山西南部的汾水下游也有所分布。得名于河南偃师二里头遗址，属于青铜时代文化。

　　当时居民以农业为主，农具有石器、骨器、玉器以及青铜制品。从青铜制品来看，河南龙山文化只是进入青铜文化的准备时期，而在二里头文化时期，青铜器不论是数量还是种类都较多，当时已有爵、铃、戈、镞、戚、刀、锥、钩等。其中铜爵的合金成分为铜 92%、锡 7%。二里头文化显然已经进入了

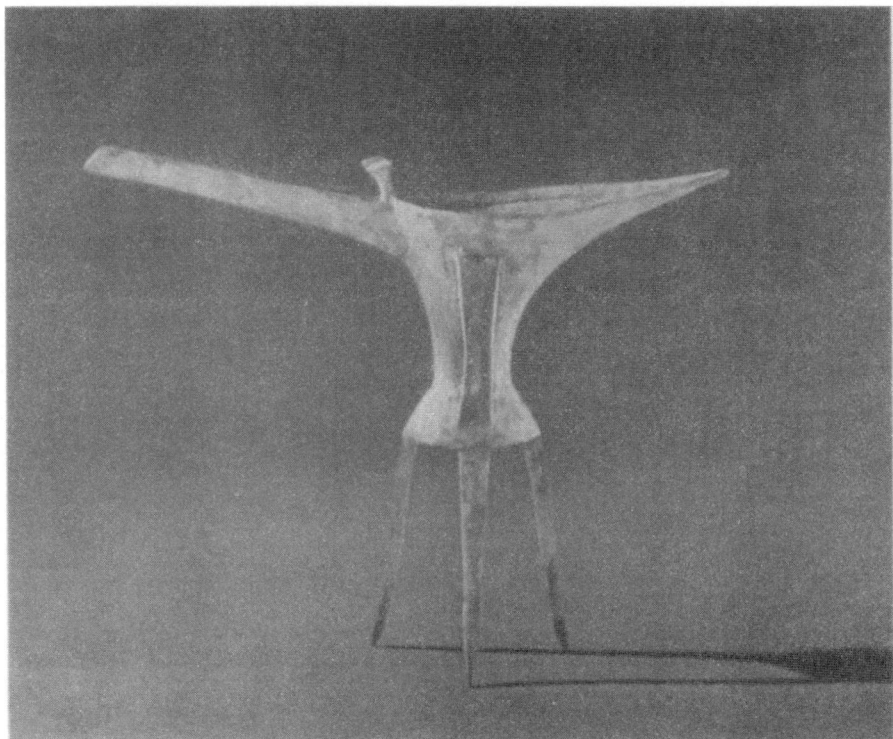

河南偃师二里头遗址出土的铜爵

青铜时代，这和青铜器大量出现的二里冈商代文化比较接近。

二里头文化时期，制陶业发展迅速，遗留的器物群突出表现了二里头文化的特征。以陶器为参照物，二里头文化可以分成四期：第一期以褐陶为主，磨光黑陶占一定比例，纹饰以篮纹为主，有少量方格纹、细绳纹。第二期陶器中黑陶数量减少，以细绳纹为主，蓝纹和方格纹明显减少。这两期的器形多折沿、鼓腹、小平底，基本上保持有龙山文化时期的陶器特征。第三、四期的陶器颜色普遍变为浅灰，以绳纹为主，出现粗绳纹，蓝纹和方格纹几乎绝迹。早期常见的鼎、深腹盆、甑等一直延用，到晚期，新出现了鬲、斝、大口尊、小口高瓮等器物；已和二里冈商代文化陶器有着更多的相似之处。

137

中华文明起源

二里头文化的兽面铜牌饰（左）和柄形玉饰

二里头文化的居址有半地穴式、平地起建筑和窑洞式等几种，做成圆形、方形圆角和长方形等形状，适合几口之家居住。同时出现了大型宫殿的建筑，普遍使用的夯土筑台基技术和二里冈商代文化前期基本一致。整个宫殿由堂、庑、庭、门等单位组成，布局严谨、主次分明，是迄今为止所知的中国最早的宫殿建筑。宫殿的出现，表明奴隶主和奴隶、贵族和平民之间明显的阶级对立，也预示着新的社会——奴隶制社会已经到来。

二里头文化晚于龙山文化，而早于二里冈期商文化。有学者认为，二里头文化的一、二期遗存是夏文化，而第三期遗存中出现了一组与二里冈期商文化有相同或相近的代表性器物，而且数量越来越多，这正好表明第三期遗存已进入商代纪年，三、四期遗存应是商代早期的遗存，其遗址应是商汤都城西亳。因此，二里冈期商文化是由二里头文化发展而来，商朝的文明渊源于二里头文化。

卡若遗址是新石器时代海拔最高遗址

　　约前 2300—前 2000 年的西藏卡若遗址，是中国目前发现海拔最高、经度最西的一处新石器时代遗址。遗址位于澜沧江上游西藏昌都城东南卡若村西，遗迹范围约 1 万平方公尺。

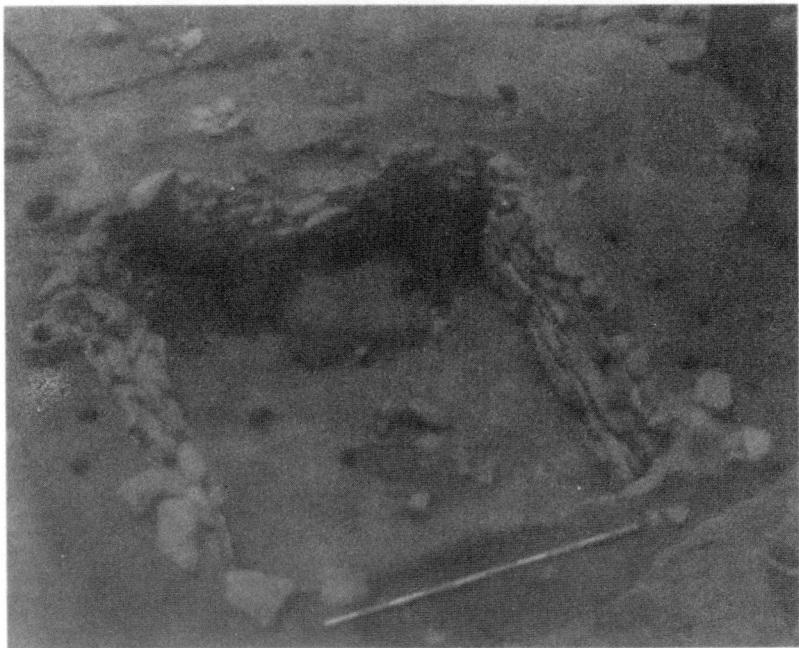

卡若人居住的石墙半穴式房屋

　　卡若遗址的遗存可分为早、晚两期。遗址中发现房屋遗迹 28 座。早期房屋以半地穴式或地面营建的草拌泥墙建筑为代表，平面呈圆形、方形或长方形。炉灶一般设在房子中部，也有不挖灶坑而仅用 3 块石头支烧。屋顶是铺排椽

139

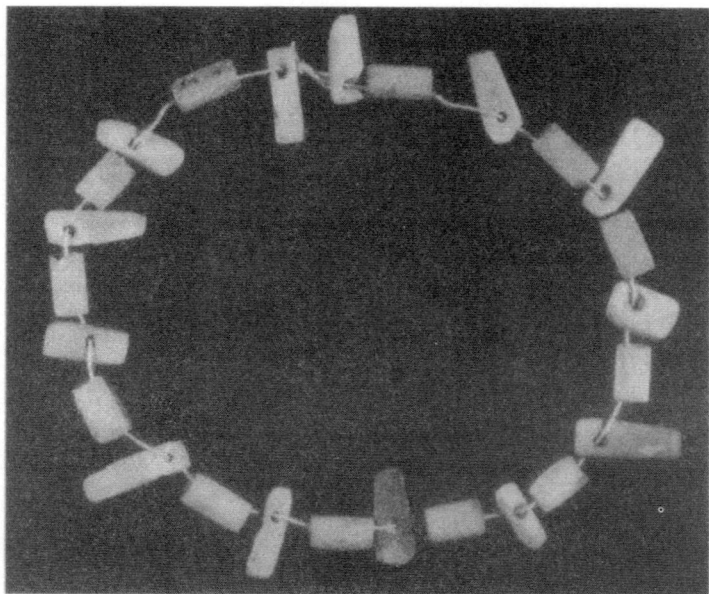

卡若人用大
理石炭和粘土岩
做成的项饰。

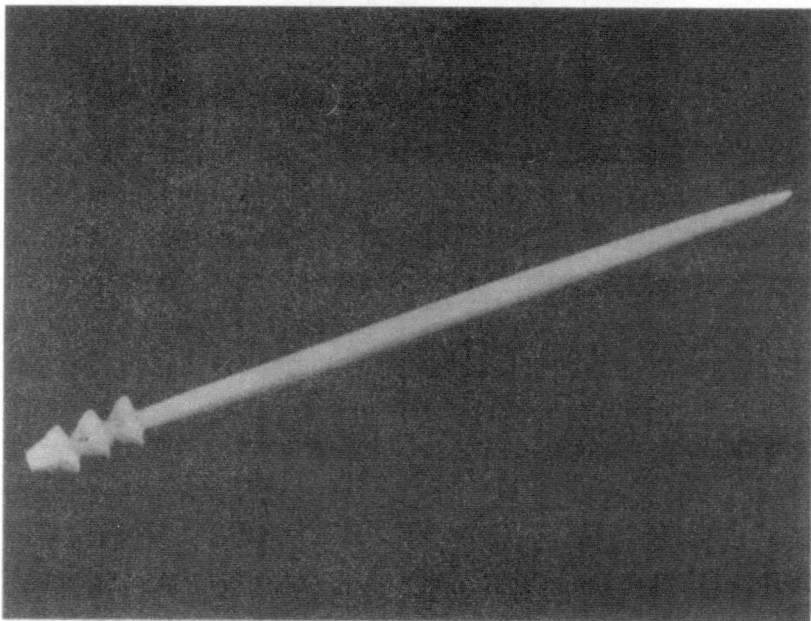

卡若人的骨针

木并涂抹粘土而成。屋顶和墙壁的内面都经过烧烤。晚期房屋以半地穴式石墙建筑为代表，墙壁是用砾石贴靠坑壁垒砌而成，石墙周围及屋内均有柱洞。石墙房屋显示了较进步的建筑技术和独特的建筑形式。

遗址中出土遗物有大型打制石器、细石器与磨制石器及骨刀、骨锥、骨针、

双体兽形罐

骨饰。陶器多数为夹砂陶器，器类简单，常见的是罐、钵、盆，多属小平底器。还发现有炭化的粟和猪、牛等家畜骨骼，以及各类兽骨和鸟骨。遗址虽临江河，但未见渔具和水生动物遗骸。与生产工具相印证，反映当时的经济生活以农作物粟为主，狩猎也较重要。

141

中国文明的传说时代

神农尝药图

汉代盘古画像砖

创世神话

明代木雕三皇像，从右到左依次为燧人氏、伏羲氏、神农氏。

产生于上古时代的中国神话和世界上各民族童年时代的神话一样，是人类对于宇宙、世界和人类的历史的最早的观念，在神话中不但展开了中华民族在这一时代的朴素的宗教思想，更反映了他们心目中的世界和自己的历史。

在南方人民的心目中，盘古是宇宙的开辟神，他生于宇宙中，经历一万八千年之后开天辟地，阳清为天，阴浊为地，而盘古则身化为山川日月江海草木，产生风云雷电。

而在北方神话中，女娲则是创造人类的女神，她用黄色泥土揉成了人类，

唐代伏羲女娲帛画

145

　　藏族人类起源图。在藏族神话中，神猴是人类的祖先，本图表现经菩萨点化后，神猴逐渐进化成人的故事。

并且在天崩地塌洪水泛滥的时候，炼成了五色石块修补苍天，以巨鳌的足代替坍塌的天柱支撑起天，她还屠龙堵水，造福人类。

后来出现了女娲与伏羲是夫妇的说法，伏羲是汉民族中流传最广的神话人物，是雷神之子，其形象是蛇身人首，来往于天地之间，创造了八卦以及其他一些事物，后来成为三皇之一。

神话是上古人民根据自己的能力对自然的理解，具有强烈的想象性和艺术性，并反映了上古人民生活水平和生活环境的特征，中国神话中的女神人物如女娲、羲和、西王母等据认为在很大程度上带有母系社会的色彩，中国母系氏族社会在新石器时代中晚期发展成熟，进入全盛时代，女性在氏族生活中的核心地位就使这些女神成为人类甚至万物的创造者。另一方面，人类早期的万物有灵、巫术、图腾崇拜也无不在神话中打上了烙印。

中国古代神话来源广泛，不但从南北不同地方产生，反映了不同的自然环境和文化背景，也来源于中国大地上的各个民族。中原黄河流域的华夏民族，东部淮河流域的东夷，南方长江流域的三苗，西北的氐羌和山戎等都有所贡献，构成了其中相当重要的主体，例如盘古神话就是很晚才由少数民族传说进入汉民族神话系统的。

东汉日神羽人画像砖

147

祖先传说

东汉月神羽人画像砖

神话是上古人民根据自己的想象对自然事物，包括人类自身的起源的虚构，而祖先传说则是他们对自己历史的改造。与创世神话的几乎纯粹的创造性不同，祖先传说有相当的依据，不管其中的人物和事件是否是真实的，因为祖先传说产生于历史，又往往以人民中流传的东西为依据，所以往往在某种程度上有一定的历史意义，反映了远古历史的某一方面。

来源于烈山氏部落的神农被传说为中国农业的发明者，他发明了农业工具和水利措施，遍尝百草，认识了植物特性。

而在中国历史上影响最大的还是黄帝，他是少典氏之子，在神农氏的末世出现，统一华夏各部落，在统一过程中与他的同母异父兄弟炎帝进行了长期战争，尤以对炎帝后裔蚩尤的战争为剧，蚩尤制作兵器攻打黄帝，黄帝派

黄帝像

应龙到原野抵御，双方招来各路神怪，调动了风雨雷电，蚩尤作成大雾，黄帝命风后作指南车冲出大雾，最后俘虏蚩尤。

　　黄帝一族当生活在姬水一带，与姜水一带的炎帝族世代通婚（传说炎帝是黄帝的同母异父兄弟），夏人、周人都是其后代。黄帝曾与炎帝长期争夺统治权，最后黄帝得胜。统一华夏部落后的黄帝成为华夏民族的宗祖，"炎黄子孙"成为后代华夏人民的称呼。

　　黄帝的后代颛顼成为黄帝的直系继承人，是黄帝之后华夏人民最重要的领导人，传说他曾重新安排神与人的职司，断绝天地神人的联系，而使自己具有沟通天人的特权，他的专横统治引起了炎帝的后裔共工的不满，起而反抗，争夺帝位，"怒而触不周之山，天柱折，地作绝"，天倾向西北，地在东南坍陷。

149

中华文明起源

黄帝陵。在陕西省黄陵县城北桥山。《史记·五帝本纪》载："黄帝崩，葬桥山。"

共工由此成为正统历史中的反面角色。

　　殷商民族的祖先帝俊又称帝喾，是个神话与历史传说合一的人物。他有两个妻子，羲和生了十个太阳，常羲生了十二个月亮，传说中他的另外一个妻子生了三身国，他有五彩鸟作朋友。

　　周人的祖先是后稷，他的母亲姜原是帝俊的王妃，践巨人足迹而怀胎，生下后稷后因为不祥而弃之，但后稷不死，长大后开创农业，开始周国。

　　经儒家推崇而地位崇高的尧、舜、禹是夏代建立之前最后的重要传说人物，尧是个道德勋业彪耿的典型圣王，他禅让给舜，舜完成了任用八元、八恺，放逐四凶的事业，并任命禹治水。禹完成了父亲鲧未完成的治水大业，划分九州、奠定三川，他的儿子启结束禅让制，建立夏，开始了奴隶制国家的时代。

除了这些声名显赫的领导人物，还有一些传奇人物，具有更多的神话色彩。夸父是炎帝后裔，意图追上西去的太阳，到达禹谷。夸父因长途追逐而狂饮，河、渭不足，只好北去大泽，渴死于半途。尧时十日并出，盗贼、野兽、怪物横行天下，羿射中九日，杀灭凶害，但被其徒弟嫉才杀害。他的妻子嫦娥偷了他从西王母处得到的不死药，飞入月亮，化为蟾蜍。

三皇五帝构成了中国神话的或传说的历史系统，三皇五帝的构成在各代有不同说法，但具有相同的特点。三皇都是创世神话中的神人，或是史前人类生活方式的象征，女娲是人的创造者，有巢、燧人、伏羲是先民的代表。而五帝诸人主要是父系家长制部落联盟时代的杰出人物，有一定的历史意义，从炎黄到尧舜禹可能都是人民口耳相传的历史人物。

中国创世神话和祖先传说都缺乏系统性，大都散见于典籍之中，先秦的《左传》《国语》，特别是《楚辞》；汉的《淮南子》《史记》，特别是《山海经》中，都有关于神话和传说的大量材料，但都构不成体系，也互相矛盾。一方面，中国古代神话发育不健全，或是在历史上失传，神话只在《楚辞》《山海经》等著作中零乱地保存着，不但有些只有名字和简单描述，故事和渊源语焉不详，并且往往都经过改造，《山海经》中保存的神话已很难看出原貌。关于中国古代神话不发达的原因和性质有很多争论，还没有定论，但事实上是，中国古代神话是不健全的。

另一方面，中国祖先传说有着一个明显的积累的过程，并非完全是先民史实的流传，先秦史籍中只有关于夏商周始祖的朴素传说，而在春秋战国时代，炎黄、颛顼以及六国始祖才开始出现，各族谱也才开始完整，战国诸子按照自己的哲学提出了二帝三王、五帝、七十九代之君以及五帝三王的系统。

神话与传说在上古人民中并非自觉的艺术创作，而往往是人们根据自己的生活环境和技术水平产生的对自然与历史现象的理解。在新石器时代中晚期，母系社会全盛于黄河、长江流域，而真正中国特色的文明也从此时产生，于是女娲等女神被创造出来；而进入父系氏族社会后，部落联盟和部落战争成为社会活动的中心，黄帝、炎帝、蚩尤、共工等带有半神话色彩的历史人物成为传说的中心。与原始人民的巫术、万物有灵、图腾崇拜、神话思维相适应，这些神话和传说充满了幻想色彩，但更多的是人类当时生活状态的写照，神农、有巢是如此，洪水神话更是如此。